旅游文化与管理系列丛书

系统科学视角下旅游环境税制理论与实践研究

杨春宇　朱　赢　著

科学出版社
北　京

内容简介

本书首先追溯了包括旅游生态系统演化、环境承载力、环境税在内的旅游生态系统可持续发展相关理论与研究方法，探寻旅游地生命周期内各阶段的旅游环境税之耦合交互影响过程及演化机制，在此基础上抽象出旅游环境税动态阈值量测模型，从而构建旅游环境税制理论体系；其次，基于 RCK 模型将旅游资源环境价值以量化的形式纳入旅游企业的生产成本中，以解决旅游环境税的最优值问题及旅游地生命周期不同演化阶段的动态阈值问题；然后以 31 个省（区、市）为案例地进行验证分析；最后以系统发展动态合理阈值为参照，引入预警机制，以环境规制等政策为调控手段，探寻旅游生态系统调控机制。

本书可供高等院校旅游专业师生、旅游科研人员、政府决策者、旅游规划设计人员、旅游行业管理人员和旅游景区高层管理人员参考和阅读。

图书在版编目(CIP)数据

系统科学视角下旅游环境税制理论与实践研究 / 杨春宇，朱赢著.
— 北京：科学出版社，2021.6
（旅游文化与管理系列丛书）
ISBN 978-7-03-051274-1

Ⅰ.①系… Ⅱ.①杨… ②朱… Ⅲ.①区域旅游-环境税-研究 Ⅳ.①F810.424

中国版本图书馆 CIP 数据核字（2020）第 188690 号

责任编辑：韩卫军 / 责任校对：彭 映
责任印制：罗 科 / 封面设计：墨创文化

科学出版社出版
北京东黄城根北街16号
邮政编码：100717
http://www.sciencep.com

成都锦瑞印刷有限责任公司印刷
科学出版社发行 各地新华书店经销
*
2021 年 6 月第 一 版 开本：720×1000 B5
2021 年 6 月第一次印刷 印张：11 1/4
字数：220 000

定价：96.00 元
（如有印装质量问题，我社负责调换）

本书受贵州财经大学与商务部联合基金(项目号：2015SWBZD04)、

贵州财经大学重点学科经费资助出版

前　言

党的十九大提出，“建设生态文明是中华民族永续发展的千年大计”，必须“实行最严格的生态环境保护制度，形成绿色发展方式和生活方式，坚定走生产发展、生活富裕、生态良好的文明发展道路”。不可否认，中国达到高水平协调的生态文明形态的地区极少，说明各地需要通过创新路径实现高水平的生态文明建设形态。经过40年高速发展，我国旅游业在形成巨大产业规模的同时，也积累了许多矛盾和问题，尤其是旅游生态系统显著恶化成为社会发展的一个障碍或制约因素，因此客观准确地掌握旅游生态系统状况、发展趋势与演化机理，通过科学分析与管理，不断降低从旅游生态系统获益的成本，成为旅游业可持续发展研究的关键性命题之一。

旅游业快速发展带来的负面效应之一就是生态环境污染问题。为了解决旅游生态环境污染问题，旅游环境税被认为是行之有效的方法之一。在旅游环境税制度的发展研究过程中，其经济学原理及旅游环境税制度构建成为主要课题。为了使旅游业在不损耗环境资源的前提下保持可持续态势，各国在环境政策中考虑较多的仍属命令-控制型政策，基于市场的经济手段考虑较少，且主要集中在收费、税收手段。税收手段方面，如西班牙巴利阿里群岛的生态税、旅游住宿用地庇古税及税收管理等，对环境经济政策实施效果的评价研究不多，目前仅有西班牙巴利阿里群岛的生态税使用效果评价。收费手段方面，主要为排污收费、使用者收费等，排污收费主要集中在旅游住宿业，使用者收费主要是指景区的门票等费用，对资源补偿费(生态补偿费等)的考虑不多。此外，财政手段用得相对较多，但旅游发展导致的环境资源损耗不能全靠财政手段来解决，还需要借助其他环境经济政策手段，以实现切实的环境保护。

目前，国内相关研究针对单个环境经济政策手段的相对较多，主要侧重明晰产权、财政手段、金融手段及使用者收费(主要为门票)等，对其他手段考虑较少，关于生态补偿的研究也仅限于少数学者。

旅游环境税是面向特定的旅游行为，并以保护旅游环境为目的的税种。其对中国乃至世界其他各国来说都是一种较新型的税种。从经济学视角分析，旅游环境税实施有三项目标：一是环境目标；二是财政和经济目标；三是与经济相关的劳动力目标。上述目标的实现依赖于探寻合理的环境税税基与税率。环保学家根据环境系统的特点提出了生态补偿理论和可持续发展理论来定量研究合理税基；

经济学家和社会学家则针对合理税率与经济、就业之间的关系提出了双重红利理论。恰恰也是这一问题，即如何探寻合理的旅游环境税税基与最优税率长期困扰着学界与业界。

国内外针对旅游业的环境经济理论与应用成果较少，无论是整体研究还是对单个环境经济政策手段进行的研究，均存在不足；对环境经济规制实施效果及其预测的研究几乎没有。国内相关应用研究尤其不足，且旅游经济发展中的环境经济政策手段运用基本上都附属于其他相关领域，也没有专门部门制定专属旅游业发展的环境经济政策。鉴于环境经济政策在旅游业可持续发展管理方面的预期有效性较大，因此有必要提出环境经济政策并作为焦点研究，将环境经济政策纳入国家或地区旅游经济政策，以促进各区域旅游业可持续发展。同时考虑目前国内大众旅游消费模式对环境资源的威胁与破坏、当前旅游经济与其依赖的环境资源保护之间的冲突关系，找出更加有效的环境资源保护手段势在必行，深入探讨环境经济政策的研究与应用，科学评价环境经济政策在旅游经济发展中的有效性，是中国旅游业发展的必然之举，只有这样才能保证中国旅游业的长期持续健康发展，增加国民福利，促进旅游经济发展与环境资源保护实现共生目标。

本书从基础理论分析、模型构建、实证研究及对策建议四个方面进行探讨。

(1)基础理论分析。本书利用文献对比的方法分析国内外在环境税与旅游环境税发展沿革、研究理论基础以及制度等方面的差异，得出：国外研究领域广泛，强调多种理论的综合研究和定量分析，国内则以定性与案例研究为主，政策研究往往局限于定性分析，缺乏系统、深入的数量分析与模拟。在《中华人民共和国环境保护税法》实施的背景之下，旅游环境税的研究处于摸索阶段，在税制构建等方面的研究存在以下问题：研究理论不成体系，借鉴过多，尚未形成范式，在理论研究学界难以达成有效共识。

首先，本书梳理、分析旅游环境税或环境税的相关基础理论，主要包括外部性理论、庇古税理论、双重红利理论，上述理论是旅游环境税产生的基础，这些理论从不同侧面揭示了旅游环境税的存在价值和意义。其次，由于缺乏系统、动态的视角去研究以及量测旅游目的地不同发展阶段的合理税收，本书基于系统科学视角，引入时间、空间的变化，以系统性思维结合旅游地生命周期理论，构建旅游地生命周期与旅游环境税两者的耦合模型，探寻旅游环境税最优征收节点，以及测度生命周期演化不同阶段旅游环境税的征收节点。最后，结合一般均衡理论及拉姆齐-卡斯-库普曼斯经济增长模型(RCK 模型，在经济学中将消费纳入经济增长模型的研究)对旅游地生产水平进行测算，计算旅游地获得利润最大化时的旅游环境税数值，旨在说明本书在每个征收节点测算出的旅游环境税均为在当下节点处的最优值，即可以使得在该节点处旅游企业获得利润最大化的同时保证生态环境不会出现恶化趋势，从而可以保证旅游环境税在整个实施过程中的合理性。

(2)模型构建。在模型构建过程中，主要解决旅游环境税的最优值问题及在旅游地生命周期演化不同节点如何征收旅游环境税的问题。本书在 RCK 模型的基础上，通过分析不同生命周期演化阶段游客量的变化对旅游地产出水平的影响，借助柯布-道格拉斯生产函数模型，将游客量的变化作为新的参数对初始函数进行修改。同时借助 Eviews7.2 软件对新的生产函数进行拟合。与此同时，本书在计算旅游企业利润时将旅游环境税作为生产成本纳入旅游企业生产利润的计算之中，本书认为在旅游环境税实施背景下，当旅游地利润实现最大化时，旅游环境税政策可以实现理论上的最优，基于此构建旅游环境税征收模型，对旅游地生命周期演化不同阶段的旅游环境税数额进行预测。

与以往研究不同的是，过去研究多数是在稳态均衡的基础上对旅游环境税数值进行测算，而本书结合了旅游地生命周期演化与旅游环境间的耦合关系，确定旅游环境税的征收节点，模拟测算旅游地生命周期演化过程中各个节点处旅游环境税的征收情况。此时，旅游环境税的均衡解是动态均衡的，而并非稳态的，因此可以进一步研究旅游地生命周期演化与旅游环境税之间的动态关系。

(3)实证研究。本书以 31 个省(区、市)2000～2016 年的实际状况进行实证模拟，对旅游环境税征收的具体数值进行测算，并结合实证模拟的结果进行差异性分析，借助 SPSS 22.0 软件对研究结果进行聚类分析，将 31 个省(区、市)依据生命周期演化阶段分为参与期、发展期、成熟期及巩固期四种主要类型，结合预警理论，将旅游环境税预测值分为抑制型、警示型、调整型及惩罚型四种主要类型。

(4)对策建议。在大力提倡生态文明理念的背景之下，本书结合我国具体国情对旅游环境税的实施提出一定建议，明晰发展路径，主要探讨了四个问题：①针对旅游环境税征收的不同类型进行具体分析；②旅游环境税征收预警模型的构建，对旅游地生态环境现状进行连续、动态的预测和分析，确定旅游地生命周期演化的不同阶段需要及时给出的预警信息，并有针对性地实施旅游环境税政策；③借助多元博弈理论探讨旅游环境税收政策状态下旅游企业、旅游地居民和政府等相关利益主体之间的博弈关系；④本书虽然借助旅游地生命周期不同阶段解决了旅游环境税测量的定量化问题，但是在全国范围内如何征收旅游环境税，还需基于我国现有财税制度来决定。因此，本书从财税理论的体系角度来简单论述旅游环境税在全国范围内的有效征收问题，主要包括如何确定征收对象和征收主体的问题。

参与本书撰写的人员主要有杨春宇、朱赢，陈梅负责数据处理与资料收集整理工作，任娟负责全书的校稿工作。本书只是作者在旅游环境税研究领域的初步探索成果。由于作者水平有限，书中难免有不妥之处，敬请广大读者批评指正。

目　　录

第1章　绪　　论

1.1　研究背景

国内旅游业正处于快速发展阶段。国家旅游局关于2017年的旅游统计数据报告显示：全年国内游客量达50.01亿人次，与上年同期相比增长12.8%。其中，城镇居民为36.77亿人次，增长15.1%；农村居民为13.24亿人次，增长6.8%。国内旅游收入45700亿元，同比增长15.9%。国内旅游呈现快速增长、高速发展的趋势。2017年，入境游客量达1.39亿人次，与上年同期相比增长0.8%。国际旅游收入达1234亿美元，与上年同期相比增长2.9%。入境旅游呈现稳步增长趋势。旅游活动规模不断扩大，对经济、生态、社会等各方面产生较大的影响，已经成为一种引起普遍关注的社会现象。

旅游业快速发展导致生态环境问题日益突出，两者之间的矛盾阻碍了旅游业的进一步发展。因此，在世界范围内，越来越多的专家学者、政府组织试图寻求一种旅游与生态环境可持续发展的协调机制，找出旅游发展与环境优化之间的共谋共生途径，在这种背景之下，旅游环境税政策的出台成为必然。

1.1.1　旅游业发展的迫切需要

作为现阶段战略性支柱产业，旅游业快速发展引发了诸多环境问题。旅游需求的激增与旅游资源环境的有限性之间的矛盾成为最严峻的问题。随着大众旅游时代的到来，旅游消费不断增长，而当前的旅游资源与旅游空间并不能满足日益增长的旅游需求。根据世界旅游组织对于未来旅游业发展的预测，到2020年前后，全球范围内每年将有近160亿人次进行国内旅游活动，16亿人次进行国际旅游活动。面对旅游需求的急速增长，旅游地生态环境也面临空前的压力。除此之外，旅游经营者为了实现自身利益的最大化，对旅游资源不加节制地开采利用，旅游业发展超出当地环境承载力的现象已经成为一种常态。这种不加节制的发展模式最终将导致生态环境不断恶化，旅游体验质量不断下降。同时，由于行业竞争日趋激烈，很多旅游地片面追求旅游经济的快速增长，这种盲目的发展模式使得旅游生态环境与旅游业发展之间的矛盾突显。

综合现阶段旅游业的发展状况及国内政策的引导可以得出：我国旅游业在适度超前的发展方略指导之下，虽然在某种程度上取得了一定的经济、社会收益，但是同时也使得大量的旅游环境资源被过度消耗。随着旅游业发展规模不断扩大，旅游地生态环境将承受更大的压力，旅游环境资源被过度占用和消耗所引起的旅游生态环境危机已经引起高度关注。越来越多的学者开始研究如何通过环境税收调整旅游业发展及其与当地旅游生态环境的关系。因此，本书选择旅游环境税作为核心内容，开展研究。

1.1.2 新时代背景下旅游业发展环境的转变

随着全球化进程的不断加快，世界经济也得到了长足的进步。在经济快速发展的同时，生态环境问题随之而来，生态环境保护同日益增长的经济发展需求之间的矛盾对人们的生活产生了严重的影响，人们逐渐意识到生态环境保护的重要意义。人们的发展观念也逐渐由传统的片面注重经济效益转变为可持续发展。为了避免走西方发达国家“先污染，后治理”的老路，我国在处理环境问题时必须同本国实际情况相结合。只有选择适合的治理模式，恰当地运用财政、税收手段对生态环境问题进行调控，才能实现经济、生态的可持续发展，在这种情况下环境税政策应运而生。

旅游业作为经济发展的重要组成部分，其发展带来的生态环境污染问题不容忽视，因此制定与旅游业有关的环境税政策也需要尽快提上日程。在推进旅游业生态文明建设，实施《中华人民共和国环境保护税法》，实现优质旅游服务的背景之下，我国旅游环境保护方面的现实状况是税收政策较少，现有的税收政策通常不能满足环境和资源保护等对税收提出的要求。因此，为了保护和改善生态环境质量，保持生态环境资源的可持续发展，研究、探讨、构建符合我国实际状况的环境税收制度有着非常重大的意义，需要在进一步完善现有环境保护相关税收政策、制度的基础上，尽快建立起环境税收制度体系。

1.1.3 “十三五”新发展理念的提出

《中共中央关于制定国民经济和社会发展第十三个五年规划的建议》(简称“十三五”规划)提出了“创新、协调、绿色、开放以及共享”的新发展理念。“十三五”规划明确表示，需要建立健全的现代财政制度和税收制度。众所周知，现阶段国家发展过程中许多经济体制内的矛盾都是财税关系界定模糊导致的。因此，只有推动财税改革，才能从根本上实现社会资源的有效配置，从而激发市场活力。其次，“十三五”规划还提出了全球性生态安全环保理念，提出实施环境保护制度的必要性。因此，在生态环境问题被如此重视的背景下，应加快推进财政税收制度的改革，建立完善的环境税制度，敦促环境税在旅游行业尽快实施，实现旅游业和生态环境的良性协同发展。

1.2　研究现状与发展趋势

生态文明是以人与自然、人与人、人与社会和谐共生、良性循环、全面发展、持续繁荣为基本宗旨的文化伦理形态。党的十九大提出，“建设生态文明是中华民族永续发展的千年大计”，必须“实行最严格的生态环境保护制度，形成绿色发展方式和生活方式，坚定走生产发展、生活富裕、生态良好的文明发展道路”。不可否认，当前中国的生态文明建设总体上仍是经济社会发展的短板，资源浪费、环境污染、生态破坏等问题尚未从根本上得到解决，中国达到高水平协调的生态文明形态的地区极少(宓泽锋 等，2016b)，说明中国各地区总体上仍需要突破当前的发展状态，通过创新路径实现并达到高水平的生态文明建设形态。近年来，随着中国生态环境承载力逐渐下降，如何实现生态环境与经济发展、经济效益与生态环境效益的协调可持续发展，如何定量描述生态-经济的相互作用及相互联系已成为相关学科持续关注的热点问题。

旅游地理学的研究核心是旅游人地关系(黄震方和黄睿，2015)。随着旅游业发展对旅游地生态、经济和社会产生的负面影响逐渐成为全球性、复杂性问题，推动旅游绿色发展范式创新既是对生态文明建设的响应，也是旅游业可持续发展的理性选择。经过 40 年的高速发展，我国旅游业形成了巨大的产业规模，也积累了许多矛盾和问题，正在逐步进入转型发展阶段。然而，在转型与升级的口号下，许多地区旅游业发展仍呈现奢侈化倾向，高投入与高能耗旅游项目层出不穷，旅游生态环境与资源被过度占用，旅游生态系统显著恶化，成为社会发展的障碍或制约因素(千年生态系统状况评估项目组，2007)，对旅游绿色发展与生态文明建设产生了消极作用。

2018 年，习近平总书记出席全国生态环境保护大会时指出：“总体上看，我国生态环境质量持续好转，出现了稳中向好趋势，但成效并不稳固。生态文明建设正处于压力叠加、负重前行的关键期，已进入提供更多优质生态产品以满足人民日益增长的优美生态环境需要的攻坚期，也到了有条件有能力解决生态环境突出问题的窗口期。”在这一背景下，客观准确地掌握旅游生态系统状况，实现对旅游生态系统的科学管理，不断降低从旅游生态系统获益的成本，成为支撑旅游业可持续发展的关键性命题之一。

1.2.1 旅游生态系统演化理论研究

旅游生态系统有别于一般的生态系统，它由自然生态系统、旅游经济系统和社会人文系统构成，旅游活动及其环境承载力是旅游生态系统演化的核心，人流的输入和输出是系统运动的主要形式(牛亚菲和陈田，2004)。旅游生态系统是典型的人地相互作用的特殊系统，其复杂性已在学界达成共识，但目前国内外涉及旅游生态系统演化机制及其规律性问题的研究尚处于起步阶段，对旅游生态系统复杂演化过程的理解大多是基于旅游规划、管理实践而做出的系统科学理论的不同流派解释，主要包括五个方面。

1. 一般系统论

从地理空间角度出发阐述地域旅游系统概念，以 Leiper(1979，1995)旅游地理空间模型为代表；从系统功能角度出发、以旅游供需为线索研究旅游地复杂系统结构、功能、系统与环境之间的动态演化关系，以 Gunn(2002)旅游系统功能模型为代表。张文(1997)从系统关系角度，以旅游活动所引发的各种社会、经济和文化等关系出发，把现代旅游活动中存在的各种关系总和看作一个“类生态系统”，构建旅游系统理论框架；王家骏(1999)从输入与输出角度，将旅游地视为一个有物质、能量、信息的输入输出，受政治、经济、社会等各个外部因素影响的动态系统和开放系统，并构建了旅游系统输入输出结构模型。郭伟和方淑芳(2005)在此基础上提出旅游地复合系统概念并构建了结构模型。

2. 耗散结构理论

邸明慧和张稳(1995)把旅游地看作一个开放的耗散结构系统，通过旅游规划实施和调控，与外界进行物质、能量及信息交换，获得足够的负熵流。孙钰霞和张明举(2002)，冯新灵(2004)借鉴耗散结构理论研究旅游系统优化问题。王迪云(2006)明确提出“旅游耗散结构系统”概念，对旅游耗散结构系统开发进行了理论探讨与实证研究。

3. 系统动力学

孙多勇和王银生(1990)将系统动力学与自组织理论相结合，讨论了旅游经济系统发展战略问题。彭华(1999a，1999b)从动力机制角度研究城市旅游的动力机制、可能的变化趋势并建立了旅游发展动力系统及结构模型。徐红罡(2001)尝试建立旅游产品生命周期的一般性系统动力学模型并论述系统动力学方法对于旅游地生命周期研究的适用性和有效性，解释旅游地复杂系统内部结构和各要素之间的作用机制，运用生态-经济理论与系统动力学方法建立生态旅游结构模型，探讨生态旅游发展中生态、社会和经济系统之间的结构与行为关系。

4. 混沌理论

Faulkner 和 Russell(1997)初步探讨了旅游地复杂系统的混沌与复杂性。McKercher(1999)构建了一个基于混沌理论与复杂性理论的概念性系统模型，模型中的旅游目的地或内部主体具有生态学意义，是一个活的“类生态系统”，系统所呈现出的非线性、有限预测性与不可控性说明试图对旅游系统进行自上而下的控制都将归于失败，对初始条件具有强烈的敏感性使得相似旅游地在早期发展条件上的微小变化会导致将来发展轨迹的巨大差异性。

5. 耦合理论

旅游耦合研究广泛涉及旅游系统与相关系统的耦合，主要包括经济、社会、文化、生态环境、管理、人口、交通、设施、服务等关联系统，其研究内容主要包括三个方面。

1)旅游耦合评价体系

主要研究内容包括：旅游流与生态环境耦合评价体系(庞闻 等，2011；高杨 等，2016)、旅游流与区域经济耦合评价体系(詹新惠 等，2014；刘军胜 等，2015)、旅游饭店业耦合评价体系(裴博 等，2014；吴冰和马耀峰，2015；朱晔 等，2015)、旅游交通业耦合评价体系(王永明和马耀峰，2011；刘军胜 等，2017a)、旅游流与城市化耦合评价体系(李森 等，2013；吴晶和马耀峰，2014)等。

2)旅游耦合时空演化

旅游地复杂系统演化存在大量的非线性因素，旅游地复杂系统演化过程具有时空耦合特征(王剑和彭建，2003)。吴殿廷和王欣(2005)从供需两方面论证了时空规律的耦合特性。有学者通过时间(刘军胜 等，2017b)与空间(张春晖 等，2013；高楠 等，2015)维度的旅游耦合区域差异特征对比，分析入境旅游需求与城市旅游供给的发展现状与趋势。杨春宇等(2007)将旅游地演化系统投影到以旅游地生命周期与旅游环境承载力为子系统的耦合构成的低维空间上进行研究，指出旅游地演化过程由旅游地复杂系统内部矛盾之间的“自耦合”与“自缠绕”及其反馈循环所形成的系统“涨落”提供驱动力，指出旅游地复杂系统演化过程中的时空耦合是其重要特征，发展包含空间的系统整合模型是其未来研究的一个重要领域，需要秉承“非线性思维”“整体思维”“关系思维”及“过程思维”的系统科学探究方式，以系统要素间耦合关系及其思想为切入点构建旅游地复杂系统演化理论框架(杨春宇 等，2009a)。

3)旅游供需耦合动力机制

董亚娟(2012)、王玎玎(2014)研究发现旅游流与目的地间存在入境旅游流现实和潜在驱动，目的地经济社会、资源区位、信息技术、服务设施全面响应的耦合动力机制，并提出旅游流驱动力、目的地旅游响应力和驱动-响应动力机制的概念模型。

人类与其赖以生存和发展的地球系统共同构成社会-经济-自然复合生态系统，其中的各个子系统相互联系、相互作用、相互制约(艾凉琼，2004)。实施可持续发展需要树立人地巨系统观，从整体上把握和解决人口、资源、环境与发展问题(章杰宽和朱普选，2011)。作为一种研究思潮，系统科学理论在旅游生态系统演化研究中的应用尚处于探索与起步阶段，主要成果仍局限于综合性方法论探讨与个案应用阶段。一般系统论、耗散结构理论、混沌理论等系统科学方法虽然各自从不同的视角描述了旅游生态系统的结构与特征，并且都不同程度地涉及旅游生态系统演化问题，但尚未形成较为完善的研究理论体系与范式，关键在于“线性”“静态”等传统思维定式仍然在研究中占据主导地位，符合旅游生态系统真实演化的研究应该从生成论观念出发，自始至终坚持用一种“过程”模式对其耦合关系、演化机制与规律进行考察。

1.2.2 旅游环境承载力研究

旅游环境承载力(tourism environment carrying capacity，TECC)是旅游业可持续发展研究的重要课题。一些学者界定了旅游环境容量的概念(Wagar，1964)、类型与范畴(Lime and Stankey，1971)。从整个研究进程来看，TECC 研究大致分为概念与研究体系构建、数值量测到目标管理体系构建、新理论与技术方法引入三个阶段。

1. 概念与研究体系构建

1964 年，学界出现 TECC 研究并将 TECC 分为生物物理承载力、社会文化承载力、心理承载力和管理承载力(Lime and Stankey，1971；McIntyre，1993)四个方面，这反映出“环境”一词已从自然环境扩展到人文社会环境。崔凤军(1995)首次提出“旅游环境承载力”概念以区分“旅游环境容量”概念并构建旅游承载力指数及运算模型；孙道玮等(2002)提出生态旅游环境承载力概念；文传浩等(2002)、董巍等(2004)对自然保护区生态旅游环境承载力综合评价指标体系进行了研究；杨琪(2003)对生态旅游区环境承载量概念和体系进行了分析；尹贻梅等(2003)探讨了生态旅游环境监测系统的建立过程及运作方式。

TECC 概念研究进程大致可以分为三个阶段：旅游容量、旅游环境容量研究，旅游环境承载力研究及生态旅游环境承载力研究。旅游环境承载力概念在不断发展和完善，其研究视角也从刚开始只注重游客体验发展成将游客、目的地居民同等对待，从单一的旅游物质承载力研究发展到对旅游、经济、心理、环境、社会等多层面进行研究。

2. 数值量测到目标管理体系构建

国内外学者提出环境生态承载量、资源空间承载量、心理承载量(Perdue et al.，1990)、感知承载力(Canestrelli and Costa，1991)、经济承载量计量模型及旅游承载力指数公式(崔凤军，1995；崔凤军　等，1998)；保继刚(1994)采用面积法测算了广东小坑国家森林公园 TECC；骆培聪(1997)，汤孟平和冯大千(1997)，陈文豪等(2005)应用线路测算法分别计算了武夷山、喀纳斯及牯牛降风景区的生态旅游环境承载力；戴学军(2002)运用旅游活动对环境的累积效应影响、旅游环境风险评价和帕累托最适度方法建立 TECC 计算公式；杨林泉和文正祥(2003)运用模糊线性规划测度模型建立了 TECC 测度模型；董巍等(2004)结合层次分析法与德尔菲法计算评价指标的权重，最后测算出综合生态旅游承载力；李庆龙(2004)对生态旅游承载力定量分析模型进行了探讨。

TECC 指标体系构建大致经历三个阶段：探讨旅游资源承载力，探讨旅游资源与旅游接待设施承载力及研究旅游地自然环境承载力、社会经济承载力、社会心理承载力。伴随这一过程的是基于上述理论思路变迁的大量案例研究。

可接受的改变极限(limits of acceptable change，LAC)、游客体验与资源保护(visitor experience & resource protection，VERP)等旅游环境管理理论分别被杨锐(2003)、林明水和谢红彬(2007)引入国内。杨锐(2003)阐述了从环境容量理论到 LAC 理论的发展历程，介绍了 LAC 理论的实施步骤和衍生技术方法；林明水和谢红彬(2007)则在介绍 VERP 理论内涵与实施步骤的基础上通过与现有 TECC 理论进行比较，认为前者对目前处在线性、静态研究阶段的 TECC 有很大的启示，VERP 既可以作为制定容量政策的规划框架，又可以作为监测和管理工具，提供一种理性的、符合逻辑的规划框架和可操作性强的动态管理工具。

3. 新理论与技术方法引入

1)旅游生态足迹理论

Wackernagel 和 Ree(1996)将生态足迹作为一种测度旅游可持续发展的新方法引入，并于 2000 年计算出旅游生态足迹占全球生态足迹的 10%。Hunter(2002)提出旅游者生态足迹概念、分类及该方法在旅游可持续发展中的应用，计算了旅游者生态足迹和贯穿于旅游产品生命周期的单个旅游产品的生态足迹。Bagliani 等(2008)计算了威尼斯生态足迹并阐述了其与旅游活动的关系。

章锦河和张捷(2004)根据旅游生态消费的特点把旅游生态足迹计算模型分为旅游交通、旅游住宿、旅游餐饮、旅游购物、休闲娱乐和游览观光六部分。杨桂华和李鹏(2005)将旅游产品对资源的消耗按旅游活动的六要素“食、住、行、游、购、娱”分为六类。李华(2005)利用生态足迹理论建立旅游地潜力评价体系。席建超等(2004)提出旅游消费生态占用计量模型，指出旅游消费生态占用对区域生态占用有着不可忽视的影响，是区域生态赤字扩大的重要诱因。刘年丰等(2005)提出基于生态足迹的“生态占用率”及划分“生态占用适宜度”的“生态占用黄金分割法”。王辉和林建国(2005)运用生态足迹模型对中国各地区旅游生态足迹和生态环境承载力进行了计算与分析，结果显示：在计算的 31 个省(区、市)中，大部分地区存在很大的旅游生态赤字，只有 3 个地区生态盈余。这说明我国旅游业发展是以消耗当地环境资源来获取旅游经济发展的。章锦河等(2005)对九寨沟旅游生态足迹进行了分析并提出建立自然保护区周边社区居民生态补偿制度，认为这是自然保护区社会经济发展和自然资源保护的关键。

2)旅游生态效率理论

Schaltegger 和 Sturm(1990)最早提出生态效率概念。生态效率作为衡量人类经济发展与环境保护、自然生态与人类生态的和谐度，测度企业、产品、产业、区域等不同类型与尺度的自然-经济-社会复合系统可持续发展状态的有效工具，日益成为重要的研究前沿。国外相关研究起步于 20 世纪 90 年代，聚焦于生态效率的基础理论(UNCTAD，2003；Möller and Schalteggar，2005)，测度方法(Zhu et al.，2014；Robaina-Alves et al.，2015；Egilmez et al.，2013；Kielenniva et al.，2012)，生态效率在企业、行业、区域等不同尺度及领域的实证研究(Campbell et al.，2008；Rüdenauer et al.，2005；van Berkel，2007；Seppäläa et al.，2005)等 3 个方面。国内学者在引进国外先进理论和评价方法的基础上，取得了积极的进展，初步形成了一些适合中国国情的理论、方法及应用(李鹏 等，2008；关伟和许淑婷，2015；张晓娣，2015；张海涛 等，2011；张子龙 等，2014；黄和平，2015)。

伴随旅游业的快速发展，旅游效率研究成为效率评价的新兴领域。Gössling 等(2005)提出旅游业生态效率概念，认为生态效率是实现旅游可持续发展的重要工具，旅游业生态效率是衡量旅游业环境与经济绩效的重要概念。随后，国内外学者关注了旅游酒店(孙景荣 等，2012)、景区(马晓龙和保继刚，2009)、目的地(马晓龙和金远亮，2015；Kytzia et al.，2010)等的经营利用效率，但忽视了包含资源消耗、环境污染在内的生态效率分析，尽管有关旅游线路产品、旅游废弃物(章锦河，2008)、旅游交通(Brida et al.，2014)等研究中涉及生态效率研究，但缺乏对旅游地生态效率的系统、综合研究。

总体而言，国内外相关研究尚存在以下不足：研究视角上，多从人类物质生产行为(产业、行业、产品)对环境影响的视角切入进行生态效率评价，而从人类消费行为(如旅游业、旅游产品)对环境影响的视角进行的生态效率研究不足；研究方法上，对生态效率理论体系及相应测算方法的系统性研究不足；研究区域上，较多关注大中尺度区域或城市案例，而对小尺度区域，尤其是旅游地的研究仍有待探索。

综上所述，国内外学者对 TECC 的研究由最初单纯对旅游空间环境承载力计算发展到对空间、经济、社会和心理等容量的综合考虑。TECC 不是通常所认为的一个常量，而是一个动态的、发展着的阈值范围。它随不同时空维度下经济发展、开发效率、产业结构、市场发展、环境规制、消费倾向、心理感知、利益主体博弈关系的演变而不断变化。现有 TECC 研究方法中绝大部分未考虑时空变化这一参量。因此，无论是基于单因子指标(仅从某一类承载力指标量测)或是综合指标体系进行的旅游环境承载力量测、或是借鉴其他学科引入该研究领域的如生态足迹、生态效率、生态补偿等新理论与方法得出的结论绝大多数都是瞬时性、静态性的，其根源就在于“静态思维”(研究方法论)和“单维”(单一理论)研究的思路与方法成为其发展方向上难以逾越的障碍，导致该领域理论研究尚未形成统一的理论范式与共同纲领。

1.2.3　环境税与旅游可持续发展

全世界共有 40 余种与旅游相关的税收，与环境密切相关的有 3 种：生态旅游税、碳税和垃圾填埋税。旅游环境税收源自旅游业发展所引起的土地占用、生态环境破坏、自然资源及其能源消耗、空气污染、废水以及固体垃圾排放等环境问题(Mbaiwa，2003；Becken and Simmons，2002；Perch-Nielsen et al.，2010；彭水军　等，2015)，其根源在于旅游活动具有负外部性和公共物品性(Samuelson，1954)。经济学家提出解决负外部性的最好方法就是间接征税(Pigou，1920)，从而弥补市场对外部性的失灵，解决旅游者在旅游中不可避免存在的“搭便车”行为，避免导致“公地悲剧”(Hardin，1968)。Hayward(2005)首次提出生态空间税概念，并指出生态空间是提供生产所消耗的资源并吸收生产所排放废物的生物生产性土地和水域的聚合，生态空间的占用表现为生态足迹。生态占用是对自然生态空间的需求，而生态承载能力则是自然生态空间的供给侧，为经济活动提供资源并净化污染，当生态占用超过生态承载能力时便形成生态赤字，即生态系统失衡，影响经济活动的持续性，绿色发展则要求通过生态赤字补偿协调经济建设和生态建设(李虹和熊振兴，2017)。但“税收控制”是一把双刃剑，一方面环境税收除了内化无形成本、控制环境污染(陈诗一，2011)，还承载着促进税收公平、实现税收效率、改善财政状况、增加劳动就业等目标(邓禾，2007)，实现创设一个能够支持旅游经济、环境可持续发展的财政体制，同时还能间接改善环境品质和提高人们生活水准的“双重红利”；另一方面，“税收控制”容易导致偏离经济理性，产生旅游经济效益弱化趋势(Mayor and Richard，2007；Mark，2006)。

Lin 和 Hemmington(1997)研究了环境政策对台湾旅游饭店业的影响，Poirier(1997)对突尼斯旅游发展的经济利益与环境影响之间的平衡做了研究；Logar(2010)认为环境政策是可持续旅游管理办法，并且总结了八个方面的旅游环境保护手段，即生态税、使用者收费、财政激励、生态标签、定额、分区、可交易的许可证与产权政策，其中前三个政策与最后一个政策都属于典型的环境经济政策。

为了使旅游业在不损耗环境资源的前提下保持可持续态势，各国环境政策中考虑得较多的仍属命令-控制型政策，对基于市场的经济手段考虑得较少，且主要集中在收费、税收手段方面。税收手段方面，如西班牙巴利阿里群岛的生态税(Palmer and Riera，2003；鲍尼费斯和库珀，2009)、旅游住宿用地庇古税及税收管理等(Schwartz et al.，2012)。对环境经济政策实施的效果评价研究不多，目前仅有西班牙巴利阿里群岛的生态税使用效果评价。收费手段方面，主要为排污收费、使用者收费等，排污收费主要集中在旅游住宿业，使用者收费主要是指景区门票等费用，对资源补偿费(生态补偿费等)的考虑不多。

国内学者对环境经济政策整体研究相对薄弱。敖荣军和韦燕生(1999)提出建立旅游资源资产化管理制度和价值合理化机制、制定外部性成本内化的环境经济政策、实施可持续旅游的绿色核算，体现污染者负责和谁污染、谁治理的环境经济学原则，但并未总结我国旅游业发展中有哪些环境经济政策，忽略了实施效果评价及旅游环境经济政策优化问题。黎洁(2002)提出我国“并无专门针对旅游业的环境经济政策”，总结目前我国所使用的环境管理经济手段主要有排污收费制度、综合利用奖励优惠和环保投资渠道等政策。张胜和毛显强(2003)以世界遗产平遥古城为例，对人文旅游资源价值进行了环境经济政策探讨。梁明珠和王伟(2010)对公共性旅游资源如世界遗产地、风景名胜区、森林公园、地质公园、自然保护区、博物馆、民俗文化、温泉资源、海岸资源等保护进行了政府规制研究，涉及部分环境经济政策手段。孙亚男(2011)针对辽东民族地区旅游发展予以环境政策考虑，但侧重点在环境政策的命令-控制型手段方面，对于环境政策的经济手段尚未涉及，忽略了政策手段实施的效果评价等方面。

目前国内相关研究针对单个环境经济政策手段的相对较多，主要侧重明晰产权(刘旺和张文忠，2002；杨晓霞，2004；贺红权和刘伟，2007；李鹏和保继刚，2010；马鑫，2011)、财政手段(项镜泉，1999；刘书泉和张云，2002；魏敏，2010；王建勋，2011)、金融手段(胡永政和胡庆龙，2007；王智勇和赵越，2007；孙晨光，2008；叶春明和赵宇华，2009)及使用者收费(主要为门票)等，对其他手段考虑得较少，针对旅游环境税与生态税的研究仅有邓禾(2007)、林焜(2016)等为数不多的学者，关于生态补偿的研究也仅限于少数学者(章锦河　等，2005；吴菲菲　等，2009；马勇和胡孝平，2010)。

旅游环境税是面向特定的旅游行为，并以保护旅游环境为目的的税种(林烺，2016)，其对中国乃至世界其他各国都是一种较新型的税种。从经济学视角分析，旅游环境税实施有三项目标：一是环境目标；二是财政和经济目标；三是与经济相关的劳动力目标(Gago et al.，2009)。上述目标的实现依赖于探寻合理的环境税税基、税率与合理阈值区间。环保学家基于生态补偿理论和可持续发展理论进行定量研究；经济学家和社会学家则针对合理税率与经济、就业之间的关系提出了双重红利理论(Pearce，1991；Chang，2014；Allan et al.，2014；Kilimani et al.，2015；梁伟　等，2014；卢洪友和朱耘婵，2017)。

综上所述，国内外专门针对旅游业环境经济理论与应用的成果较少，无论是整体研究还是对单个环境经济政策手段的研究，均存在不足；对环境经济规制实施效果及其预测研究几乎没有。国内应用尤其不足，且旅游经济发展中的环境经济政策手段运用基本上都是附属于其他相关领域，也没有专门部门制定专属旅游业发展的环境经济政策。鉴于环境经济政策在旅游可持续发展管理方面的预期有效性较大，有必要将环境经济政策提出并作为焦点研究，将环境经济政策纳入地区或国家旅游经济政策，以促进各区域旅游可持续发展。同时考虑目前国内大众旅游消费模式对环境资源的威胁与破坏、当前旅游经济与其依赖的环境资源保护之间的冲突关系，找出更加有效的环境资源保护手段势在必行，环境经济政策的研究与应用，科学评价环境经济政策在旅游经济发展中的有效性是中国旅游发展的必然之举，以此保证中国旅游业的长期持续健康发展，增加国民福利，促进旅游经济发展与环境资源保护实现共生目标。

1.2.4　研究述评与思考

“良好生态环境是最公平的公共产品，是最普惠的民生福祉”，可持续旅游发展的实质是要求旅游与自然、文化和人类生存环境成为一个良性互动的有机整体，实现旅游可持续发展的关键是协调好旅游与区域生态系统的关系。深入探讨与研究区域旅游生态系统发展量测模型及评价(掌握现状、预测趋势及生态补偿与合理旅游环境税之基础)是对生态文明建设的积极响应和战略抉择，也是旅游业可持续发展的关键驱动力与本质需求；构建旅游生态系统适应性调控机制与治理路径是实现旅游业可持续发展的具体手段。面对严峻的资源与生态环境问题，在我国推进生态文明建设，实施“五位一体”总布局的时代大背景下，加强旅游业空间均衡发展研究，推动绿色旅游与生态文明建设的耦合协调，既是旅游业融入国家重大战略、推进全域旅游建设及实现可持续发展的现实需要，也是旅游地理学理论研究需要解决的重要科学问题。

作为旅游生态系统空间均衡发展研究领域的重要方向和核心内容，旅游生态系统耦合演化机理、环境承载力量测与环境税收研究呈现出多角度、多元化的研究态势，并已取得较为丰富的研究成果，但包括概念体系、研究范式、理论体系构建等在内的相关研究还存在诸多理论和方法上的不足，尚处于前范式研究阶段。

1. 基础理论研究未形成范式体系

基于“静态思维”(构成论而不是生存论的研究范式;基于静态力学均衡模型的传统思维方式)和“单维”(单一理论)的研究思路与方法背离了旅游生态系统的实际发展状况，导致该领域理论研究尚未形成统一的理论范式与共同纲领。因此，基于生态文明理论与系统科学研究范式，构建旅游生态系统空间均衡发展与旅游业可持续发展研究的创新理论框架与方法论体系，深入分析旅游生态系统与区域社会经济发展时空分异特征、演变规律及影响因子，探讨旅游生态系统空间均衡发展与区域旅游生态-社会-经济发展的耦合交互影响机制，从系统层面审视旅游生态系统空间均衡发展模型量测与旅游环境税理论体系的意义和途径未尝不是一个很好的研究思路。

2. 测度模型构建及评价有待完善

现有成果尚停留在旅游生态资源占用与补偿估算层面，并以现状静态评估为主，缺乏对旅游环境税合理阈值测度进行的时空动态研究，分析旅游生态系统空间均衡发展内在驱动机理，预测旅游生态系统演化趋势，衡量旅游业可持续发展水平，并用以指导旅游环境税理论与实践成果。鉴于旅游地自身复杂性、关联广泛性及不同演化阶段的异质性，需要对旅游地不同演化阶段旅游环境税动态阈值指标进行多尺度测度，探寻旅游地调控机制与治理路径。

3. 研究方法创新尚显不够

目前有关旅游环境税理论与实践的研究仍然以传统研究方法为主，随着互联网与大数据时代的到来，有必要将系统科学、演化经济地理学、预警理论、数理方法、GIS(geographic information system，地理信息系统)等理论与技术运用到该研究领域中。

上述认识无疑加深了我们对旅游环境税理论科学内涵的理解，凸显了该领域对推进生态文明建设与旅游业可持续发展研究的重要性。但是，仍有许多重要的理论与技术问题值得深思与探索：旅游环境税的空间效应是什么？如何对不同时空演化阶段动态阈值进行多尺度综合测度？大数据技术、空间分析技术、数理建模等技术方法如何在旅游环境税研究中创新应用，等等。这些问题的解决(或部分解决)都将成为旅游环境税理论与实践研究领域的新进展，有力地促进旅游业可持续发展。

1.3 研究思路

本书在坚持系统科学动态、演化生成论研究范式基础上，引入时空参量，探寻旅游地生命周期各阶段的旅游环境税之耦合关系，在此基础上抽象出旅游环境税动态阈值量测理论模型；基于 RCK 模型(在经济学中将消费纳入经济增长模型的研究)将旅游资源环境价值以量化的形式纳入旅游企业的生产成本中，以解决旅游环境税的最优值问题及在旅游地生命周期不同演化阶段的动态阈值问题；以 31 个省(区、市)为案例地进行验证分析。本书创新点在于构建基于旅游地生命周期演化与旅游环境税间的耦合关系之上的旅游环境税动态阈值量测模型，确定旅游地不同演化阶段的旅游环境税征收节点及其税值量测，从而保证旅游地在环境可持续发展前提下的旅游经济最大化目标的实现。

旅游地复杂系统演化由于其复杂性及外界环境的变化导致系统演化时刻存在着各种随机的和不确定的因素。试图完全掌握全部信息不仅由于系统演化的复杂而变得不可能，同时也因为获取信息需要成本而变得不可行。因此要对旅游地复杂系统演化包含的众多变量和参量组成的高维时空进行研究，不仅在实际上行不通，而且其研究结果也很难检验。鉴于旅游地生命周期与旅游环境承载力理论作为旅游地复杂系统演化过程中极为重要的两个理论体系，都是以旅游地复杂系统为研究对象，以游客量与合理环境承载力阈值为重要研究指标，二者之间存在着相互依存、相互影响、相互制约的内在关系，二者构成的低维变量和参量的子系统能够反映系统演化的本质特征并且支配整个旅游地的发展演化行为。因此，本书提出把旅游地复杂系统演化过程投影到以二者为子系统耦合构成的低维空间来研究此问题，并尝试探寻旅游地环境承载力演化机制与环境税动态阈值理论模型。

这种研究思路克服了原有二者单一理论研究出发点、范畴存在缩小化的致命缺陷，众多影响因素的随机性和不确定性所产生的巨大误差和研究成本过高等问题，能够达到定性与定量研究相结合。同时二者的变化曲线作为旅游地演化发展的轨迹，兼有时空特性，在综合二者理论研究的基础上加入时间维度，引入旅游地复杂系统演化过程随时间产生速度、加速度变化这一概念体系及相关计算公式，以解决上述理论单一研究缺乏综合性、系统性、动态性和预测性的问题，这也是一个新的理论研究角度。本书研究思路如图 1.1 所示。

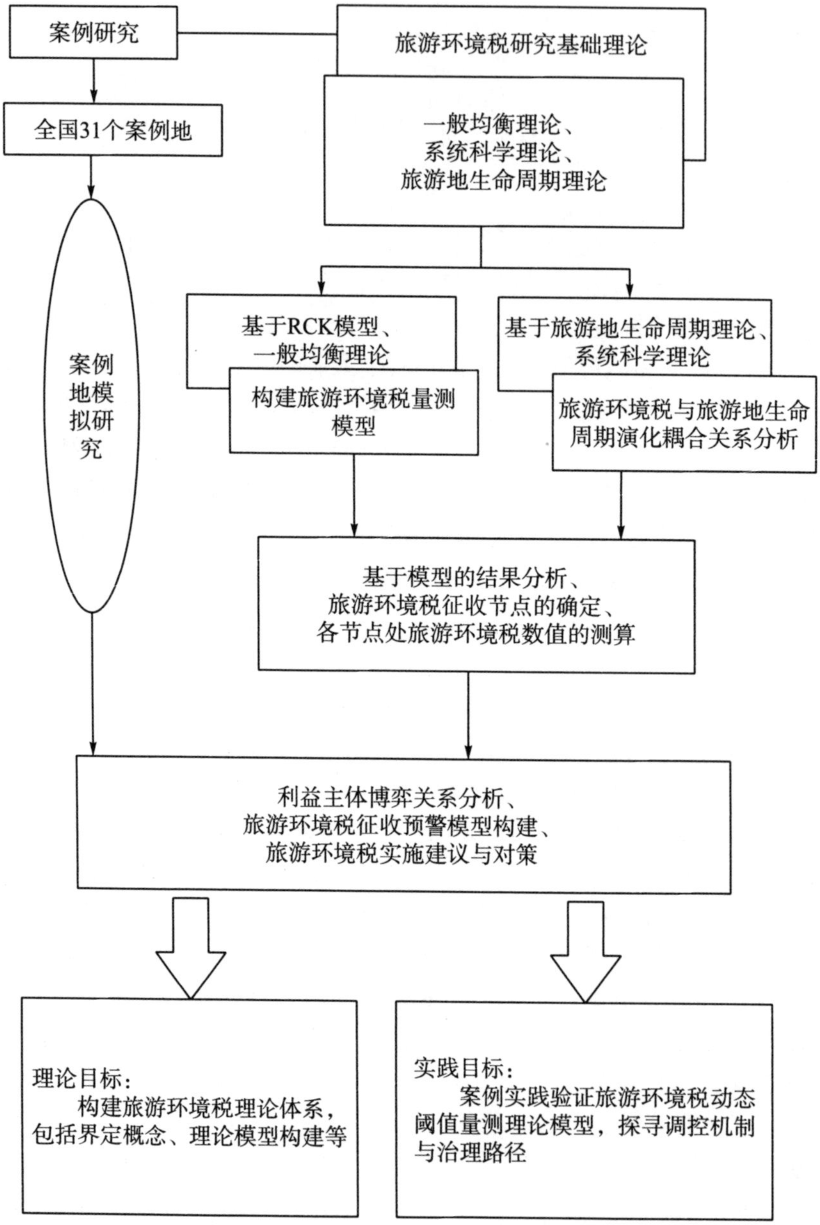
案例研究
全国31个案例地
案例地模拟研究
旅游环境税研究基础理论
一般均衡理论、系统科学理论、旅游地生命周期理论
基于RCK模型、一般均衡理论
构建旅游环境税量测模型
基于旅游地生命周期理论、系统科学理论
旅游环境税与旅游地生命周期演化耦合关系分析
基于模型的结果分析、旅游环境税征收节点的确定、各节点处旅游环境税数值的测算
利益主体博弈关系分析、旅游环境税征收预警模型构建、旅游环境税实施建议与对策
理论目标：构建旅游环境税理论体系，包括界定概念、理论模型构建等
实践目标：案例实践验证旅游环境税动态阈值量测理论模型，探寻调控机制与治理路径

图 1.1 研究思路图

1.4 研究意义

1.4.1 理论意义

本书综合运用系统科学、旅游地理学、环境经济学、可持续发展理论、演化经济地理学，借助数理模型等方法，将时空动态演化与机理有机结合，探讨区域人类活动与旅游生态系统耦合交互影响过程及演化机制，深入研究基于环境承载力合理阈值量测基础上的旅游环境税动态理论模型与量测方法，推动旅游环境税研究由宏观定性研究向定量研究、实证研究转向；由静态机械描述研究向动态生成论研究拓展；由单一旅游可持续发展模式和对策研究向机制探究-测度评价-对策分析深化，提高了对旅游生态系统演化与旅游环境税机制的认识，拓展了旅游业可持续发展的研究视角，丰富了旅游地理学研究的理论内涵，为科学测度旅游业可持续发展目标及水平，推进旅游业可持续发展提供了系统理论与方法依据。

1.4.2 实践意义

在我国生态文明建设窗口期这一背景下，响应国家重大战略需求，加强旅游环境税理论与实践研究，探寻区域人口、经济、环境空间的均衡发展之路，对提升空间规划水平、确定合理开发强度与优化空间治理；对制定旅游业可持续发展与管理政策，应对旅游生态环境变化，推进旅游绿色发展，增强旅游业综合竞争力和可持续发展能力；对实现旅游业可持续发展与生态文明建设有效耦合和良性互动，并利用综合效益传导机制，带动其他产业走可持续发展之路，提高区域资源生产率，实现区域社会经济文化整体可持续发展；对创新和完善绿色发展价格机制，撬动更多社会资本进入生态环境保护领域，促进资源节约、生态环境保护和污染防治，推动形成区域旅游绿色发展空间格局、产业结构、生产方式和生活方式；对我国实施“五位一体”总布局，努力建设美丽中国，实现中华民族永续发展都具有重要的现实意义。

第 2 章　旅游环境税理论研究基础

从目前国外关于环境税的研究状况看，对环境税背景、环境税概念、环境税理论基础、环境税价值功能和政策目标、环境税适用范围、环境税税种结构、环境税政策具体内容、环境税实施战略、环境税实施效果和影响及环境税在各国的具体实践经验等方面都有着比较广泛和深入的研究，相关理论成果也很多，基本形成了比较全面的环境税理论研究体系，为环境税走向成熟和进一步推广实施奠定了坚实的理论基础。

西方发达国家较早发展旅游业，对于旅游业实施环境税问题的研究也较早，认为环境税可以在一定程度上缓解旅游业对旅游地生态环境造成的负面影响，旅游环境税政策的实施在一定程度上能够调节旅游业快速发展同旅游生态环境恶化之间的矛盾。例如，西方发达国家对旅游环境税的认识，相关基础理论性、政策性研究以及旅游环境税征收，旅游环境税应用及效应等方面的研究都走在了前列。但是对旅游环境税的概念性研究、旅游环境税的作用机理及构建合理的征收模式等方面的研究稍显薄弱，未来这些领域将成为研究重点。

2.1　国外研究综述

2.1.1　环境税概述及其发展沿革

1920 年，英国经济学家 Pigou（庇古）在《福利经济学》（*The Economics of Welfare*）一书中首先提出对污染征税。他建议应根据污染所造成的危害程度对排污者征税，用税收弥补私人成本和社会成本之间的差距。

经济合作与发展组织（Organization for Economic Co-operation and Development，OECD）于 1971 年提出了“污染者付费原则”。该原则提出之后，以环保为目的的税收相继产生。例如，挪威于 1971 年开始对矿物油中的硫征税。1973 年，全球性石油危机的出现加快了环境税立法。该危机的出现促使西方发达国家开始重新定位能源战略，一些国家把税收纳入本国的能源战略体系。例如，为了确保国家公平地分享开发大陆架所获的收益及保障石油公司获得适当的利润回报率，英国政府于 1975 年颁布了《石油税收法案》，并开征石油收益税。美国于 1978 年颁布了《能源税法案》，该法案对于石油和天然气的利用和规划做出了战略性调整，由供应变为保存。与此同时，该法案还通过重税及税收减免政策，提高燃料使用率及推广可再生能源利用(Lazzari，2008)。在重税方面，该法案规定那些高于美国环保署规定耗油指数的汽车，需要缴纳大耗油量汽车税。在税收减免方面，该法案规定对于使用太阳能、风能和地热能等可持续能源或可再生能源的纳税人给予税收减免。随后，美国在 1980 年颁布的《原油暴利税收法案》中进一步细化了关于可再生能源的税收减免规定。

20 世纪 70～80 年代，国外对环境税的研究主要集中于研究税收实施效果等理论方面。之后，国外财政与经济学界学者开始围绕生态环境问题对环境税一般均衡理论以及实证等方面进行探索。例如，1990 年芬兰率先开始征收碳税，认为通过征收与环境有关的税种可以对被征收者的污染行为产生一定的影响，以此来消除或改善经济生产活动中产生的负外部性，同时环境税的征收也可以为环境政策的实施提供一定的资金(张传国和许姣，2012)。随后，丹麦、挪威、瑞典、意大利、瑞士、荷兰、德国、英国、日本等相继开征与生态环境有关的税种(能源税、大气污染税等)(崔景华，2012)。一些国际性组织也开始积极推动有关环境税的征收，如世界银行、OECD、联合国环境规划署、欧盟、联合国开发计划署等(王郁，2006；王彬辉，2010；计金标，1997a)。

对环境税概念性的研究是环境税研究的基础和前提，现阶段已有的相关研究成果主要围绕环境税、绿色税和生态税等概念展开。上述概念虽然名称各异，但在具体内容指代方面学界基本达成共识、趋向于一致。1920 年，庇古在《福利经济学》一书中提出解决环境问题的办法是对污染环境的生产商强行征税。其征收额度与逃掉的成本或未负担的费用相当，政府用征来的税收进行环境污染治理或对环保企业进行贴补，这样企业就会有环保的压力和动力，环境污染问题就会得到逐步解决，可持续发展才能有根本保障。环境税收调控职能是一种既重经济效益又兼顾公平的环境经济政策手段。从广义上说，环境税收是税收体系中与生态环境、自然资源利用和保护有关的各种税种和税目的总称。它不仅包括污染排放税、自然资源税的环境税费，凡与自然生态环境有关的税收调节手段都应包括在内。

在环境税理论研究方面，国外学者的研究主要包括外部性理论、庇古税、双重红利理论及产权理论、科斯定理等。“外部性”一词最早来源于马歇尔的《经济学原理》一书，指的是经济当事人的经济活动对不直接参与这种经济活动的其他经济当事人带来影响。外部性问题是指那些消费或者生产活动对其他团体给予了无须补偿的收益或者强征了不可补偿的成本的情形(保罗·萨缪尔森和威廉·诺德豪斯，1999)。与庇古税不同的是，科斯定理强调通过产权界定，使外部性问题内部化，因此对产权进行界定将会得出最优的结果(刘红和唐元虎，2001)。欧洲一些国家在环境税改革中主要通过征收环境税收使企业外部成本内部化，从而达到治理环境污染的目的。

Ballard 等(1985)借助 CGE(computable general equilibrium，可计算的一般均衡)模型，以美国为研究案例确认征收环境税后会产生双重红利。针对在经济活动中产生的负外部性及公地悲剧，美国经济学家科斯在《社会成本问题》中提出对外部性治理的方法。他认为庇古税在解决外部性问题的实践过程中存在许多问题，更重要的是科斯认为这种方法无法实现资源的最有效配置。因此，科斯通过引入可交易产权，将制造外部性活动看作可以自由交易的权利，私人之间通过协议的方式将这种权利在市场上进行交易。简单而言，科斯定理既假定产权界定明晰，同时可通过市场自由交易，如果此时交易费用为零，那么最终产权是如何归属的将不会对资源的有效配置产生影响；如果存在产权交易费用，那么产权归属的确定必定会产生不同的资源效率配置。换句话说，科斯定理的主要思想就是将负外部性问题转化为产权问题，讨论在何种产权配置下可以达到福利最大化即帕累托最优。

2.1.2 环境税与旅游业环境税研究

1. 环境税相关研究

20 世纪 70 年代以来，美国、德国、澳大利亚等相继开征环境税。经过几十年的实践，这些国家对环境税中纳税人的界定、征税对象的选择及税率设计等都积累了较为成熟的经验。

1)纳税人

对于环境税纳税人的选择，发达国家大都采用“污染者付费”原则或按照促进资源节约、促进生产模式和消费模式转变的理念来确定环境税纳税人。但由于各国的国情不同，具体规定又有所区别。例如，意大利开征的废物垃圾处置税将本国所有人都作为纳税人，芬兰则根据废物垃圾的可重复利用与否来确定其纳税人。对于噪声污染税，美国规定将使用机场的旅客和货物所有人作为纳税人，而荷兰、日本则按飞机的着陆次数将航空公司作为纳税人。而对于水污染税，法国、德国以废水的污染单位为基准，将排放高于规定污染单位的居民或企业作为纳税人，荷兰则将向地表水排放污染物的单位和个人作为纳税人。

2)征税内容

丹麦、瑞典、荷兰等国家是最早开始征收环境税的国家，这些国家的环境税政策几乎涉及企业废弃物排放、资源能源使用等经济生活的各个方面，征收的环境税费包括指定用途的及不指定用途的。从开征环境税的实践来看，大多数发达国家开征的环境税税种分为四大类，包括能源税、废弃物处置税、交通税和水污染税。但由于各国经济发展水平、环境状况及税收征管能力的差异，环境税征税对象既有相同之处，也存在很多差异。20 世纪 70 年代后，美国开始尝试通过环境税收间接地对环境问题进行调控。日本计划在环境税制度改革中分阶段征收温室效应对策税，即碳税。在改革中除了碳税改革，还涉及一些包括环境保护政策的改善、促进污染物防治及一些废弃物品的循环再利用等方面的措施。

在开征能源税的国家中，美国、德国开征了石油税，将石油的使用行为作为征税对象；而荷兰、英国、法国开征了以能源使用行为为征税对象的相关税种，如能源调节税、天然气税、碳税等。相同之处在于，征税对象都与能源使用行为紧密相关。相较于能源税，这些国家开征的废弃物处置税、交通税和水污染税的征税对象大都是污染物本身。例如，美国开征的固体废物处置税包括饮料容器税、轮胎税，分别将容器瓶和轮胎作为废弃物处置税的征税对象，而荷兰的废物税、垃圾税都是将废弃物(包括生活垃圾、商业垃圾、农业垃圾)作为征税对象。再如水污染税，德国于 1994 年颁布并在 1998 年修订的《废水纳税法》中，明确规定废水排入水域要缴税，其直接将排放的废水作为水污染税的征税对象；荷兰的水污染税也是将废水作为征税对象。

3)计税方法

环境税通常根据污染物的性质不同而采取不同的计量征税方法。虽然各国对污染物数量、污染程度的检测方法千差万别，但主要都采取从量定率、从量定额两种方法来计算环境税的应纳税额。从量定率是按照排放污染物的数量来确定税率进而确定计税依据的方法，如法国开征的水污染税、废弃物处置税，美国开征的汽车使用税，德国开征的能源税，英国开征的气候变化税等都实行从量定率计征方式。从量定额是按照排放污染物的数量来确定单位税额进而确定计税依据的方法，如德国开征的垃圾税，主要依据家庭成员的数量来衡量垃圾排放量进而确定计税依据；而荷兰开征的二氧化硫税，同样是按照排放量来确定计税依据。除以上两种方法，发达国家在环境税的实践过程中也出现了依征税对象的特点不同采取以污染物的危害程度、车的排量等来确定计税依据的方法，如德国、美国的水污染税根据排放废水的毒性，即废水的有害单位来确定计税依据；英国、德国征收的航空旅客税，则依据飞机飞行的距离来征收不同的税额；法国开征的车辆税依据首次登记车辆的时间和车的排量来确定计税依据。

通过对美国、德国、英国等发达国家环境税税制要素的比较分析可以看出，每个国家由于税制不同，在纳税人、征税对象、计税方法及税率上存在一定差异，但也可以总结出环境税的一些共同特点：①根据“污染者付费”原则，并结合环境税税种的特点来确定纳税人；②在征税对象的选择上针对性强，且征收范围广、种类多，各国的环境税征收对象都是对环境产生较大危害的污染物，主要包括能源税、交通税、废弃物处置税和水污染税等四类，但具体到征税对象的选择上，又涉及环境保护的多个层面；③采取比较灵活的计税方法，能源税、固体废物垃圾税及水污染税主要采用从量定额或从量定率的方法，而车辆税及航空旅客税则结合地区特点采取不同的计税方法。

2. 旅游环境税相关研究

如前文所述，全世界共有 40 余种与旅游相关的税收①，旅游环境税是面向特定的旅游行为，以保护旅游环境为目的的税种(林烺，2016)。

学术界普遍认为，征收环境税是对旅游业环境影响负面性的一个回应，目前相关研究多集中于政策性探讨及对案例的效果总结。例如，1994 年加拿大提出“国内旅游业税收”的概念，在加拿大国内乘坐旅游交通工具(如公交车、火车、飞机)时会在原有交通票额基础之上额外征收一定的税金。2003 年，西班牙巴利阿里群岛开始对旅游活动进行征税，扣缴义务人是旅游企业；课税基数是基于游客在岛上停留的天数，按照特定时间段定时征收。巴利阿里群岛通过征收旅游环境税使得当地生态环境有了明显改善，同时也进一步促进了当地旅游经济的发展(邓禾，2007)。菲律宾也存在类似的旅游业税收，规定向飞往菲律宾旅行的国际航段乘客征收“菲律宾旅游业税收”，除了那些获免除缴付义务的乘客，其他乘客须在起飞前在相应的机场缴付。

旅游环境税对中国乃至世界其他各国都是一种较新型的税种，探寻合理的旅游环境税税基与最优税率长期困扰着学界与业界，解决这些问题需要回归到设计时所依据的理论本质和旅游环境税易征收易监管的特点。

1)税基

Pazienza(2011)提出旅游环境税税基应以旅游资源因旅游开发活动而耗尽时，可以为当地居民重新建立新的产业以维持福利水平所需的资金额为限。这一概念界定并不符合可持续发展“既能满足当代人的需要，又不对后代人满足其需要的能力构成危害的发展”的核心理念(Egelston，2013)。

现代高质量旅游发展模式不能再单纯依靠数量增长和规模扩大的粗放型模式发展，否则将导致生态环境遭到严重破坏。与此同时，大量案例证明事实上很难对社会边际成本进行量化界定(这种界定包括外部边际成本与私人边际成本计算)。庇古关于环境税的开创性研究引起了学者对最优环境税的广泛关注，庇古税也成为一个重要的环境税基准(廖朴和郑苏晋，2016)。

① 美国部分地区从 1991 年开始对通过各航空公司和游轮公司入境的外国游客征收旅游税，巴黎市政府自 1994 年起对外国游客征收旅游者居住税，莫斯科市政府 1995 年开始对外国游客征收旅游税。另外，瑞士、德国、奥地利、意大利、瑞典也先后向旅游者征收旅游居住税。英国和保加利亚则通过对外国旅游者采取征收增值税的方式以获取外汇、弥补外贸赤字。日本采取以消费税为主体的一套旅游税制，以筹措资金提升旅游目的地公共服务设施功能与服务水平。

2)税率

税率的设定应满足两方面的要求：①税率不可过低，需要课征足够的税收，否则无法实现旅游环境税的设立目的；②税率不可过高，以免抑制旅游市场的良性发展。由于税收的实施给旅游企业和旅游者均带来一定的经济负担，某些国家出现了旅游经济效益弱化趋势。Mayor 和 Richard(2007)用国际旅游流模拟模型估计了航空燃料碳税对旅游流的影响，得出航空碳税对短距离和长距离洲际航空旅行影响都很大，因为对短程旅游来说，起飞和降落碳排放多，对远程旅游来说，长距离的飞行势必耗费更多的燃料，碳排放也较多。Mark(2006)指出苏格兰的旅游税使游客减少，游客减少直接影响与旅游者消费相关联的人的谋生，如出租车司机、饭店服务人员等。当然，旅游业发达程度和其发展阶段的不同，导致旅游环境税的实施效果不尽相同，再加上旅游环境税的实施会对经济效益带来博弈性的双重影响，每个国家应该根据现实情况来更好地应用旅游环境税这个杠杆。经济学家对旅游税收的税率做了广泛研究，影响游客对税率态度的一个重要因素是旅游景点的需求弹性。

事实上，西班牙巴利阿里群岛的生态税并不追求以庇古税作为环境改善的唯一路径，也不追求精确量化与破坏旅游环境资源匹配的旅游环境税的税率。其目标是探寻最低征税成本下的次优旅游环境税税率，从而达到对旅游环境的破坏及旅游目的地拥挤现象的缓解，实现旅游目的地可持续发展。

到目前为止，世界上很多发达国家对旅游环境税的研究已经有很长的一段历史，但是还存在着很多问题，主要包括三个方面。①旅游环境税的定义在学术界一直未能得到规范。征税主体涉及旅游企业(澳门和新加坡对旅游企业征税)、旅游者(欧洲许多国家、美国、加拿大等对旅游者征税)。世界旅游官方组织也没有对旅游环境税提出明确的概念。所以旅游环境税的征收对象和范围在世界各国一直未能统一。②税费界限不清，由于缺乏对费、税科学的认识，经常出现以费代税和税费同收的现象。例如在旅游者出境旅游时，有些国家是通过签证费向旅游者征收一定的费用，而有些国家则直接向旅游者征收出境旅游税。③理论依据不足，目前缺乏系统的旅游环境税理论研究成果。旅游环境税的经济学理论基础很多都是从外部性和公共物品理论两方面提出的，单纯从旅游者占用公共资源等角度来分析的研究较少，更缺乏从更多学科和层面对其深入研究(刘承达，2009)。

随着环境税研究进入人们的视野，有部分学者开始探索旅游业环境税收问题，其研究视角主要从宏观层面分析旅游业发展给经济和环境带来的正、负两方面的影响。研究结果显示，旅游业发展做出经济贡献的同时对环境的负面影响不容忽视，从可持续发展的角度看，旅游经济与环境之间的矛盾日益突出。

2.2 国内研究综述

2.2.1 环境税概述及其发展沿革

中国于 2016 年 12 月 25 日通过了《中华人民共和国环境保护税法》，并于 2018 年 1 月 1 日起正式在全国范围内实施。该法律制定的主要意义在于更好地推进生态文明建设、保护和改善环境以及减少污染物排放。该法律在关于纳税主体、税额确定、征税范围和对象以及税收管理和相关优惠政策等方面做出了具体要求。《中华人民共和国环境保护税法》的提出和实施又一次在国内掀起环境税研究的热潮。

国内环境税研究主要通过借鉴国外发达国家环境税理论与实践研究。马中和蓝虹(2005)从产权视角出发，提出在设计环境税时，应从传统庇古税理论思维中走出来，因为庇古税隐含的产权界定前提是环境资源所有权、使用权、收益权等所有产权权能都归国家所有。但根据科斯定理，环境资源产权在国有框架下是可以继续分割的，因而可以形成很多不同的税收方案。这些税收方案在不同的现实约束条件下有不同的实施绩效，而“谁污染、谁付税”只是其中的一种，它的绩效也随着现实约束条件的不同而改变。因此，在不同的现实约束条件下，“谁污染、谁付税”不一定总是最佳的选择。20 世纪 90 年代，我国国家环保局(现生态环境部)和国家税务总局开始进行环境政策方面的研究。随后，中国环境科学研究院主持了“中国排污收费制度设计与实施改革研究”项目。中国人民大学环境经济研究所主持的“市场经济体制下中国环境经济政策的研究”等课题表明国内对环境税收的研究开始进入人们的视野。除此之外，有越来越多的学者开始进行此方面的研究。例如，2000 年中国-欧盟高等教育合作项目《绿色税费与中国》，涉及中国绿色税费改革思路，第一次提出了三重红利理论，主要涉及绿色税费创新、税费结构优化、税费生态化设计、费用与效率优化、欧盟绿色税费现状及特征、国际背景、中国国情等内容；武亚军和宣晓伟(2002)借鉴国外经验对国内环境政策进行研究，提出在转型发展和西部大开发的背景下，如何利用环境政策包括环境经济政策促进我国的可持续发展。

通过文献研究可以发现，多数国内学者选择从广义、中义和狭义三方面对环境税概念进行定义，名称上多使用如绿色税、环境税、生态税、环境保护税、环境污染税等。广义环境税是指在税收体系中与环境资源利用、保护有关的所有税种和税目的总称。从选功和张毅文(1995)从狭义方面将环境污染税定义为国家为了限制环境污染的范围、程度，而向导致环境污染的经济主体征收的特别税种；

张世秋(1997)、王军(1997)将绿色税定义为主要包括环境容量税及自然资源税。计金标(1997b)认为环境税不仅包括污染排放税、自然资源税等，还包括为实现特定的环境目的而筹集资金的税收，以及政府影响某些与环境有关的经济活动的性质和规模的税收手段，所以可以称其为生态税。丛中笑(2006)认为环境税应该是整个实体税法体系中一个独立的税类，并非是单个税种，是由多个税种和相关税收政策构成的税收体系。由于国内在环境税研究方面尚处于起步阶段，对环境税的内涵、定义、概念尚未形成统一意见。

2.2.2　环境税与旅游业环境税研究

1. 环境税相关研究

我国对环境税的研究最初表现为对国外尤其是发达国家环境税实施的介绍和借鉴性研究。戎惠良(1991)、冷报德和雷金花(1994)等较早发表了介绍国外环境税实践方面的文章，尤其是对实施环境税较成功的国家如荷兰、瑞典、丹麦及美国等进行了详细的介绍和评价，并且结合我国的社会、经济、环境与税制特点提出了不少可行性建议。在探索环境税理论的同时，许多学者也着手将理论应用于实践的实证研究。郑玉歆和樊明太(1999)采用静态分析方法对不同碳税标准对二氧化碳排放的影响进行研究，探讨了税收控制对二氧化碳排放的短期与长期影响。葛察忠等(2001)以国外税收绿色化为背景并结合中国实际分析了中国环境税的可能走势。武亚军和宣晓伟(2002)根据我国二氧化碳实际排放情况建立了硫税的静态 CGE 模型以分析硫税对我国经济的影响；李洪心和付伯颖(2004)提出根据污染强度对不同行业设置不同税率并按产值征税可以控制污染行业产量，达到保护环境的目的，还能促进税制改革，减轻企业与居民负税，增加政府收入，证明了环境税“双赢”效应假说。朱永彬等(2010)运用 CGE 模型模拟分析了碳税对我国国民经济、节能减排及行业产出的影响。曲如晓和吴洁(2011)从开放经济的角度建立局部均衡模型，分析了碳关税对进出口国及全球福利的影响。

通过文献研究可以发现，国内在讨论研究环境税制度、政策等宏观性问题时多以环境税的一般理论分析为基础进行。高萍(2013)认为税收政策设计中应平衡约束性手段和激励性手段的关系；环境税的征收应坚持中性原则。陈豹等(2013)认为中国的环境税改革在借鉴发达国家成功经验的基础上应该遵循循序渐进的原则，短期内以实现绿色红利为直接目标；长期内在保证税收中性不变的前提下创造条件避免环境税对企业竞争力和个人购买力的负向冲击，逐步实现蓝色红利。吴丽涵和兰卓(2005)认为构建全新的资源低消耗与环境友好的循环经济模式离不开法律制度的支持，其中税收制度是法律手段之一。刘浪涛(2009)从环境税收制度和经济可持续发展对当代社会的价值和意义出发，通过对当前环境税收制度对促进经济可持续发展的制约因素的分析，从费改税等方面提出促进经济可持续发展的对策。王彬辉(2009，2010)认为在税制改革方面需要做到：开征污染税和新的资源税；对资源税采用累进制，强调其惩罚性；实行环境税收区别待遇；对环境税收优惠政策进行调整等。由于当前我国的税收制度中，环境保护思想并没有得到很好的体现，因此在现有研究中，多数学者认为在环境税制度体系建立过程中有必要借鉴西方发达国家的相关经验，以生态环境保护为主要目标建立完善的环境税收体系，制定相关优惠政策。王金南等(2009)对我国环境税的制度进行了设计，提出环境税课税对象、计税依据和税率等相关方案。曹静(2009)对我国碳税在税基、税率等方面提出了设计方案，并构建了中国经济的动态模型对碳税政策进行模拟。

2. 旅游环境税相关研究

随着旅游生态环境等问题的日益凸显，国内学者也开始进行旅游业相关税收的研究。方奕勇和黄春梅(1997)从我国开征旅游业税收的必要性和可行性出发，认为应当适时立法开征相关旅游业税收，构建符合国情、适应市场经济要求的旅游业税收制度。葛夕良(2007)基于国际税收竞争理论分析了旅游业税收的正、反效应，尝试从理论上完善旅游业税收制度，即在立法层面提高旅游业税收的立法级别，实现税收公平、征收特定的旅游税、完善旅游企业所得税制度及强化对导游个人所得税源的控制等，并在这四个方面提出了具体的应对措施。

《中华人民共和国环境保护税法》的出台及正式实施说明了现阶段财税改革能够更好地实现资源的合理配置，环境税政策的提出能够有效解决当前出现的生态环境问题。国内学者对于旅游业的环境税收问题虽然有了一定的认识，通过借鉴国外现有理论知识分析环境税收对旅游业发展及生态环境税的改善作用，并针对国内旅游业发展现有状况提出一定的建议，提供发展路径的选择，但是现阶段对旅游环境税收缺乏完整的理论研究体系与定量化研究，尚无法确定旅游地可持续发展前提下恰当的旅游环境税税值，这是旅游环境税亟待加强和完善的地方。

2.3 研究评述

目前国内外对旅游环境税的研究多将其视作环境税的一个特殊税种在旅游业的应用，研究广度和深度都有待加强。本书以“环境税”作为关键词检索以发现“旅游环境税”的研究焦点和发展趋势。

本书分别以“environmental taxation”“环境税”为关键词，在外文数据库Elsevier上和中国知网(China National Knowledge Infrastructure，CNKI)上进行检索(时间为1997～2017年，搜索时间为2017年6月19日)，Elsevier的检索结果为12413条。论文发表总数统计如表2.1和图2.1所示。中国知网(CNKI)的检索结果为5621条，整理统计后如表2.2和图2.2所示。可以看出，同国内比较，国外对于“environmental taxation”的相关研究成果数量较多，在这一领域的研究国外比国内较早涉及，研究成果有逐年递增的趋势。

表 2.1　国外关于“environmental taxation”的研究状况

	2010 年以前	2011 年	2012 年	2013 年	2014 年	2015 年	2016 年	2017 年
数量/条	6114	689	794	870	925	1050	1130	841

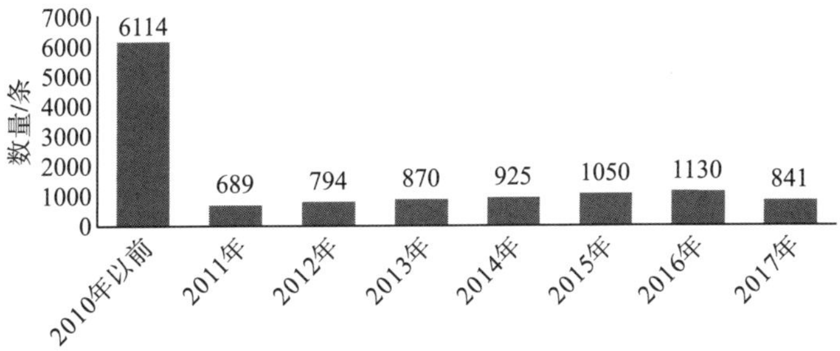

图 2.1　国外关于“environmental taxation”的研究状况柱状图

表 2.2　国内关于“环境税”的研究状况

	2010 年以前	2011 年	2012 年	2013 年	2014 年	2015 年	2016 年	2017 年
数量/条	1282	660	577	649	736	756	861	100

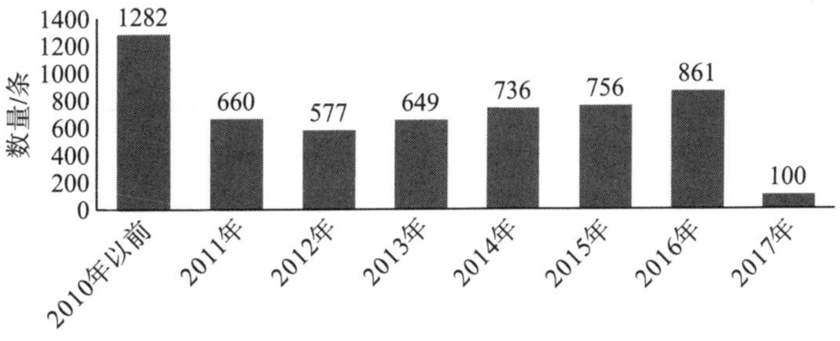

图 2.2　国内关于“环境税”的研究状况柱状图

通过国内外数据库检索可见在环境税这一研究领域，国外研究成果更加趋于多样化，研究成果更加丰富，主要体现在：①理论研究，国外学者利用 Ramsey(1927)最优税率理论、Pearce(1991)双重红利理论及外部性理论等研究环境税问题；②实证研究，国外学者通过实践研究来论证环境税的有效性以及对环境税政策进行探索。例如，OECD 国家对环境税政策的探索，在国家法律层面推行环境税政策的实施等。而在国内，环境税这一研究领域尚较新，研究成果更多偏向宏观性、政策性和理论性。

随着环境税研究的不断完善，以及旅游经济快速发展所带来的生态环境问题越发凸显，旅游业开征环境税得到了越来越多的支持，开始有学者关注到在旅游业实施环境税的可行性和必要性。通过对关键词“旅游环境税”的检索可以发现，现阶段学界鲜有将“旅游环境税”作为确定的概念提出的，多是将环境税应用于旅游业，探索旅游业实施环境税政策所带来的生态环境及经济效益的变化。例如，潘华丽(2013)对环境税政策实施背景之下旅游经济与旅游地生态环境两者间的相互关系进行研究，指出环境税对旅游业经济效益的影响机制，同时得出平衡旅游经济发展同生态环境保护之间的协调方案，从而构建旅游环境税征收的理论框架与实现机制。

本书利用内容分析法，通过检索关键词“旅游、环境税”，选取 CNKI 中 132 篇期刊文章进行基于文本的内容分析，通过讨论内容中文本语义结构的总体特征，总结目前旅游环境税的研究方向和趋势。

本书通过 ROST News Analysis Tool V3.1 对文本进行分词处理后，基于软件自带的过滤词库，对文本中无实义的字词进行过滤，如“是”“了”“的”“吗”“在”“我们”“啊”“你们”“至少”“这就”“这次”等。随后对高频词汇进行提取，按文本分类，分别截取排名前 21 位的高频词汇由高到低进行排序，如表 2.3 所示。通过表 2.3 可以发现，排名靠前的词语是“旅游”“环境”“税收”“旅游业”和“脆弱性”等，通过这些词语可以收集文本的主要内容，从而证明文本收集的科学性，符合文章研究的主题，即有关旅游业环境税的问题，说明本书对研究文章的筛选、分析是符合研究内容要求的，具有准确性。

表 2.3 经筛选的排名前 21 位的高频词汇表

排序	高频词	排序	高频词	排序	高频词
1	旅游	8	征收	15	研究
2	环境	9	经济	16	污染
3	税收	10	成本	17	资源
4	旅游业	11	企业	18	旅游产业
5	脆弱性	12	生态	19	外部性
6	排放	13	模型	20	旅游者
7	税率	14	影响	21	收入

主成分分析主要用于减少数据集的维数，同时可以保证数据集对方差的贡献最大。如图 2.3 所示，围绕旅游与环境税收两大主题，现阶段关于旅游环境税的研究包含四方面：①环境税作用于旅游业主要是进行产业结构的调整及政府管理创新等宏观政策方面的研究；②实施旅游环境税政策能够促进区域内生态环境的改善及实现旅游业的可持续发展；③现阶段环境税征收的主要依据是测算企业污染物的排放；④研究还涉及旅游业的脆弱性、目的地的承载力，这些不利影响也都可以通过环境税政策进行调节。

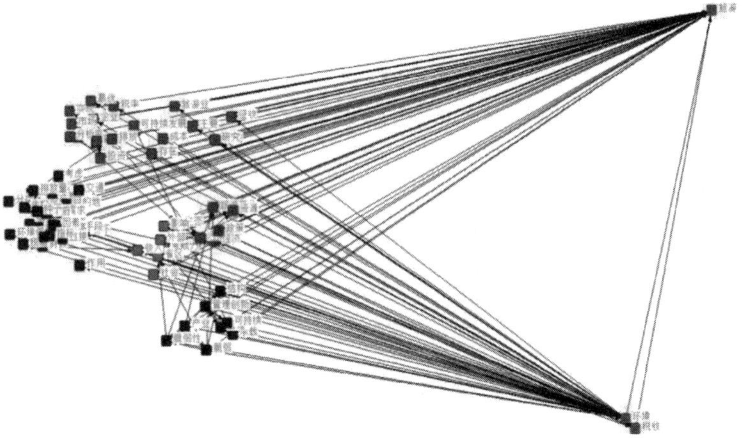

图 2.3　主成分分析网络图

通过对研究文献的主成分进行分析，可以发现研究结果与综述研究内容基本保持一致。梳理国内外旅游生态环境与旅游环境税研究历程和内容不难发现，国外研究领域广泛，强调多种理论的综合研究和定量分析，国内则以定性与案例研究为主，政策研究往往局限于定性分析，缺乏以系统、动态的视角研究环境税理论构建及量测旅游目的地不同发展阶段的合理税收；其次，由于该研究领域涉及如旅游学、管理学、社会学、经济学等众多学科，目前尚未形成明确的研究范式，研究过程往往缺乏系统性思维。虽有一些学者尝试探索旅游环境税与旅游地生态环境之间的互动关系，但鲜见在二者融合基础上形成的演化机制及旅游环境税税值量测研究，缺乏统一的理论前提和分析方法，多数研究仅限于一般论述，缺乏深层次、系统性的研究；更重要的是，对我国新时期社会发展背景下旅游环境税的特征、实施要求及相关政策方案的研究不够，不能够为旅游环境税的实施提供更多、更全面的建议(王慧敏，2005)。

本书在对旅游业环境税进行研究的过程中尝试解决以下问题。首先，现阶段鲜有学者对旅游环境税做出明确界定，多将环境税政策直接应用于旅游业。而在现实中，旅游业同其他行业相比具有综合性、脆弱性等特点，只有对研究目标即旅游环境税做出明确界定，才能制定出更符合时代发展要求的旅游环境税制度；其次，旅游环境税是政府层面面向旅游者及旅游经营者征收的税费，因此需要制定合理的旅游环境税制度，实现在旅游者和旅游企业之间合理收税，综合考虑社会、经济状况等诸多因素，恰当地选择旅游环境税的征收模式；再次，现阶段对于环境税、旅游环境税的定量化研究较少，一般性的论述较多，通过研究发现，旅游环境税政策对改善旅游地生态环境、促进区域可持续发展有着推动作用，因此今后的研究应该着重旅游环境税的定量化研究，以量化、动态的视角去研究并确定合理的环境税税收额度；最后，在旅游环境税的研究过程中要始终保持系统性的思维，围绕旅游环境税的征收模式、旅游环境税对旅游地生态环境的影响及旅游环境税的监管等三方面构建系统的旅游环境税制度，探索旅游环境税对旅游地生态环境的影响。在大力提倡生态文明理念的背景下，通过借鉴国外环境税模式，结合我国具体国情构建适合中国的旅游环境税体系，明晰发展路径。

伴随旅游业的发展，旅游地生命周期演化是一个动态的过程，旅游环境税在这种动态环境下应运而生。因此，基于稳定状态求解出的最优旅游环境税并不一定适用于旅游业动态发展的要求。例如，在旅游业发展初期，环境污染较少或者不存在污染情况，如果征收旅游环境税可能会抑制旅游资源的开发利用，造成社会福利的严重损失。另一种极端情况是，从旅游业发展的初始阶段开始一直不征收旅游环境税，旅游资源的过度开发消耗会使旅游地生态环境被严重破坏，这种情况对旅游地的经济效益和生态效益都是不利的。因此，依据上述分析，本书提出旅游环境税征收应该伴随旅游地生命周期发展的不同阶段发生变化，根据旅游生态环境污染水平的从无到有、从高到低，旅游环境税税额产生相应的变化。因此，本书认为旅游环境税政策必须是一个动态的政策。渐进增长的动态旅游环境税政策可以平衡旅游业资源消耗同旅游业自身发展之间的关系。通过对旅游地生命周期发展状况进行动态模拟，对过度使用资源进行纠正，发现动态的旅游环境税政策不仅可以实现旅游业发展和环境保护的双重红利，还为旅游环境税的研究提供了新的思路。

2.4 旅游环境税相关基础理论研究

2.4.1 外部性理论

“外部性”(externality)一词最早来源于阿弗里德·马歇尔(2017)的《经济学原理》一书。庇古(1920)在其《福利经济学》一书中对外部性的研究进行了一系列的完善，对外部性的解释：如果个人或者企业的行为影响了他人的福利，然而这种影响却没有通过货币形式表现出来，则外部性就产生了。换句话说，外部性就是经济当事人的经济活动对不直接参与这种经济活动的其他经济当事人带来影响。庇古认为市场并非万能的，在许多情况下需要政府进行干预，庇古税的提出，可以用于减少经济活动中的负外部性。科斯(1960)从产权界定的角度研究外部性问题，与庇古税不同的是，科斯理论强调通过产权界定，将外部问题内部化，产权的适当界定和实施将会得到最优结果。

对负外部性产品的消费，会产生边际收益(PMB)，又会产生污染带来边际损失，两者之和构成社会边际收益(SMB)，负外部性产品的实际产量为 Q_0(对应的价格为 P_0)，而社会的最优生产水平 Q_1(对应的价格为 P_1)应由社会边际收益(SMB)与边际成本(MC)决定。

旅游活动的外部性就是指旅游活动的行为将会对其他主体产生一定影响，但是旅游活动的收益者并没有承担应有的成本费用。如图 2.4 所示，如果仅仅依靠旅游市场的自我调节来决定旅游生产活动的规模，此时，旅游产品实际的供应量为 Q_0，Q_0 小于社会福利最大化时旅游产品的产量，即 Q_1。这种情况最终导致的结果是旅游产品供应不足，从而在某种程度上会抑制旅游业的发展。

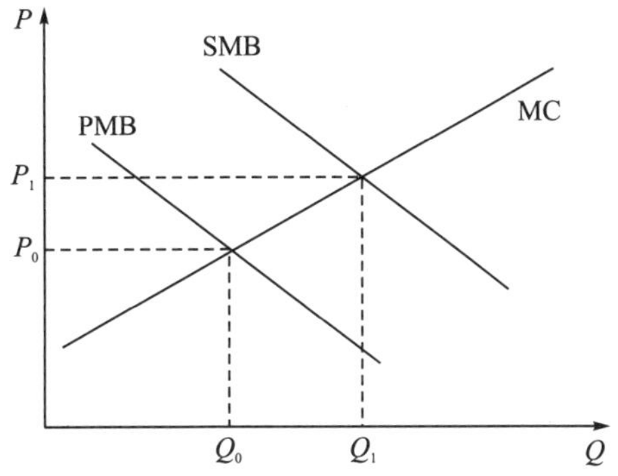

图 2.4　旅游环境税外部性分析

旅游活动中的负外部性是指旅游主体的旅游经济性行为为第三者带来的没有在价格中得到反映的费用(王慧敏，2005)。例如，旅游业快速发展使得旅游地生态环境恶化，对当地居民的生活产生一定的影响，为应对污染问题带来的负面效应，居民需要为此支付额外支出，而这些额外支出的费用并没有纳入旅游企业的生产成本中。此时，旅游企业或者旅游活动直接参与者为了实现自身利益的最大化进行生产工作，旅游发展超出社会福利最大化时需要的产量，给当地旅游生态环境带来一定的压力。

通过对以上两种情况的分析可知，私人边际收益与社会成本、私人边际收益与社会边际收益是相偏离的。在市场经济体制下，旅游业公共物品的特性必然使得游客或者旅游企业追求自身利益最大化，从而导致旅游资源过度开发和利用，随之而来的是旅游资源无法实现有效配置。旅游环境税能够对旅游活动中产生的外部不经济性进行调整，通过税收政策的调整将旅游活动产生的外部效应计入旅游企业的生产成本中，从而将外部成本内部化，可以从根本上对旅游生态环境问题进行整治。

旅游经济活动会产生外部效应，主要是因为：一方面，旅游活动本身具有很强的外溢效应，某些旅游服务可以改善旅游生态环境，这样的活动被称为具有积极的外部效应；另一方面，一些旅游活动可能对旅游地生态环境产生一定的影响，如旅游资源开发活动会在一定程度上破坏旅游资源、造成生态环境污染等，这样的活动就具有负外部性。旅游资源公共物品的属性及旅游活动的外部效应导致很多时候环境资源成本并没有反映在旅游生产、经营活动中。同时，资源的公共产品特性还会导致旅游资源的过度利用，正是由于破坏旅游生态环境的行为不能够得到惩罚，旅游生态环境保护往往不能够达到最优状态。

如何解决外部性带来的旅游生态环境问题呢？本书通过分析认为，必须依靠外部力量才可以有效地对这种状况进行干预。而借用政府的行政手段征收旅游环境税无疑是最优的办法。前文已经说明征收旅游环境税可以避免社会总收益损失，提高资源配置效率，从而实现旅游地生态环境保护及可持续发展。

2.4.2 外部性的纠正方案

1. 庇古税

1920 年庇古首先提出经济活动中产生的外部性可以用税收政策进行矫正。当单位环境税与边际社会损失相等时，环境税率达到最优状态，这个最优税率被称为庇古税(张传国 等，2012)。Ramsey(1927)认为当单位税收等于边际社会损失时得出的税率是最优环境税率。但是如果征税的目的在于增加政府财政收入，那么需要对其进行进一步的研究才能确定环境税收的使用是否会存在税收循环效应。如果税收循环效应存在，此时得出的最优税率会高于庇古税，同时随着税收的增加，得出的最优税率也随之增加，反之亦然。Goulder 等(1998)通过研究多部门 CGE 模型，认为现实中存在税收循环效应。但是得出的最优环境税率将会低于庇古税，从而使得社会福利的增加幅度减小。因此，政府征收环境税时，同时实现保护环境和增加财政收入两个目标较为困难(张世秋，1997)。

庇古税的最终目的是希望通过税收手段调整征税对象的行为，换句话说就是在生产者决策过程中应考虑经济活动中产生的外部性。理想的条件是庇古税可以使得经济活动产生的外部性完全内部化。在这种情况下，庇古税的主要职能是调节人们的行为而不是政府的财政职能(图 2.5)。

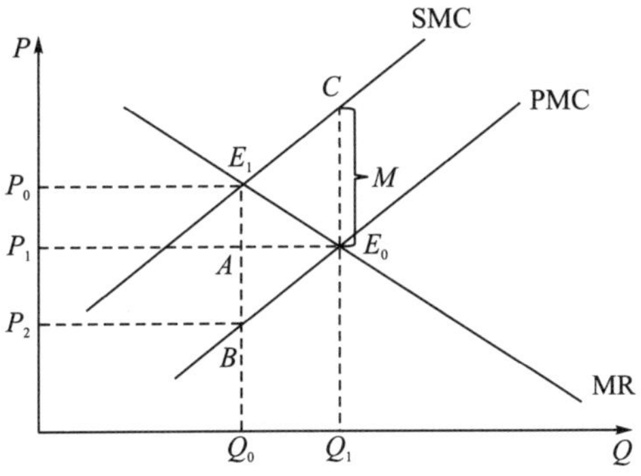

图 2.5　生产领域庇古税

假定商品 X 的生产在当代和未来都存在负外部性，以 PMC 表示生产 X 的私人成本，SMC 表示考虑当代外部性的社会成本。假定 X 的边际效益为 MR，市场机制作用下 PMC=MR 时可确定产量 Q_1，则实现当代资源有效配置的产量为 Q_0(SMC=MR)。其间的差异可以通过在环境税中加入代际成本予以弥补，从而使资源配置达到帕累托最优。

就庇古税在旅游业中的运用而言，当不考虑外部性时，PMC 与 SMC 相等时市场处于均衡状态。此时产量为 Q_1，均衡价格为 P_1。当开始征收旅游环境税 M 时，社会成本纳入私人成本中，此时旅游业中生产者将会开始考虑旅游活动的外部性，为了追求利益最大化，旅游业中的生产者一定会重新寻求新的均衡点(Q_0，P_0)。同(Q_1，P_1)时相比旅游产品价格上升，供给水平降低，达到社会利益最大化。

对于旅游企业来说，面积 P_1ABP_2 代表的是旅游企业所缴纳的旅游环境税，对消费者而言，E_1E_0A 是旅游消费者减少对污染产品消费量产生的净损失；面积 $P_0E_1BP_2$ 是政府通过征收旅游环境税而增加的财政收入。旅游环境税政策的实施使得污染外部性减小，旅游生态环境问题也随之减少，因此将会产生旅游环境收益，表示为面积 CE_0BE_1；从总的社会福利上来看，征收旅游环境税时社会净收益增加 CE_0E_1。由此可知，征收旅游环境税与征收一般产品税有所不同，在对一般产品征税时，社会总收益将有所降低，图中 E_0BE_1 面积表示社会总收益的减少数量，而减少的这部分收益则是为了实现社会公平，提供公共物品的代价。因此，征收旅游环境税可以避免社会总收益损失，提高资源配置效率。

旅游者消费行为同旅游企业生产行为一样具有外部性。单个旅游者的旅游行为对于旅游业的影响是微不足道的，但是旅游者作为一个群体存在，旅游行为外部性的累积效应将会对旅游地生态环境产生较大影响。西方环境学界将这种现象称为“微小行为的暴行”。当旅游者行为产生负外部性时，私人边际效用将大于社会边际效用，M 为两者之间的差额，如图 2.6 所示。当政府开始对旅游者征收旅游环境税时(税额为 M)，efT 为社会净收益。

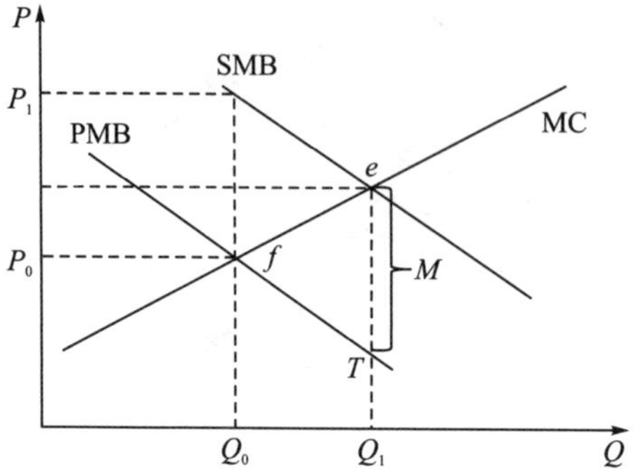

图 2.6 消费领域庇古税

2. 双重红利理论

双重红利指的是环境税在实现保护生态环境、提高环境质量的同时，还可以推动社会经济向前发展。双重红利由 Pearce(1991)在对碳税改革进行研究的过程中首次正式提出。Pearce 认为，将现阶段的一些扭曲性税收替换成环境税，在降低扭曲性税收效率损失的同时(第一重红利)可以对那些对生态环境造成负面影响的经济活动进行约束(第二重红利)。随着对双重红利理论研究的不断深入，一些专家学者开始用审视的眼光看待此问题，要求人们对环境税带来的福利收益与成本进行全面的评估，使得环境税政策更加合理化。

图 2.7 以经济学中供给需求之间的关系变化讨论旅游环境税带来的双重红利，T 是指旅游环境税税收，其额度取决于旅游产品外部边际成本(TMPC)，征收环境税之后旅游产品的供给曲线由 S 移动至 S_1，此时，旅游产品的产量由 Q_1 减少至 Q_2，减少污染产量(第一重红利)的同时有社会净收益(第二重红利，社会净收益为 BGA 的面积)(朱丹红，2008)。因此，旅游业实行旅游环境税政策，一方面，对污染者进行征税可以减少环境污染带来的危害，具有抑制污染行为的作用；另一方面，让游客与旅游企业共同承担，分担税收责任，可以在一定程度上提高旅游环境税税收效率，共同改善游客与旅游企业的行为，促进行业朝着更加公平的方向发展。

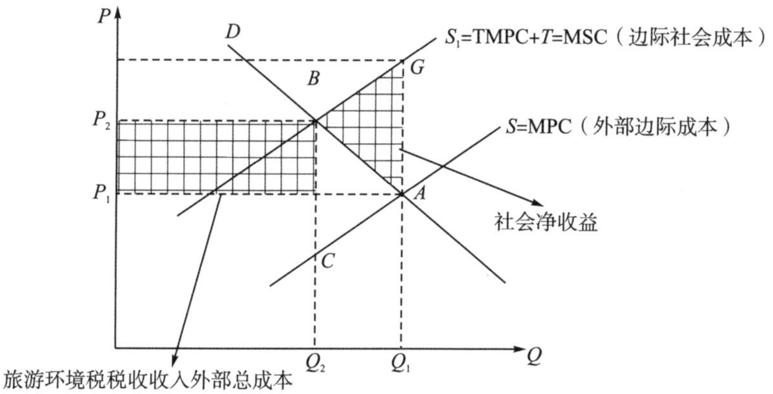

图 2.7 旅游环境税双重红利效应分析

2.4.3 系统科学理论与旅游地生命周期理论

1. 系统科学理论的特征和含义

1) 系统科学理论的特征

系统科学理论的研究开始于 20 世纪初，主要观点是非线性系统的研究方法和理论体系，突破了牛顿经典力学的局限性。系统科学理论倡导非线性系统研究范式，以全新的科学概念、科学规律和科学方法，全方位超越了以往的线性研究范式，并逐步改变着科学的基础和面貌。

对于系统含义的界定，不同学科有不同的定义。总体而言，系统是指不同个体相互作用而形成的整体行为，其内部结构的复杂性和关联性并不像外部行为呈现的那样简单。一个复杂系统在时间和空间上的不同层次和结构的有序性，取决于各个要素之间相互关联作用的有机性。系统的特征主要包括七个方面。①适应性。系统所具有的开放性使其很容易受到外界环境变化带来的不利影响，从而引起自身的变化。系统为了克服这种变化，保持和恢复系统原有特性，就必须具有对环境的适应能力，如反馈系统、自适应系统和自学习系统等。②动态性。唯物辩证法认为，运动是物质的根本属性和存在方式。物质的特性、形态和功能都是通过运动表现出来的。系统由众多的元素或物质构成，它同物质一样具有动态性。这种动态性同时使系统的发展具备了周期性。③有序性。系统结构、功能和层次的动态演变过程并非毫无章法，相反，其具有一定的规律和方向，进而表现为系统的有序性。也正是因为有序性的存在，系统才更加趋于稳定。④开放性。耗散结构理论认为系统具有开放性，这种开放性的存在意味着系统并不是处于封闭的稳定状态，而是不断地与外界其他系统进行着物质、能量及信息的交换，这个过程中既有外界能量的输入，也有内部能量的输出。在这种能量的交换中，系统不断地由低级向高级、由简单到复杂、由无序到有序地演变着。⑤层次性。系统中包含众多的子系统，这些子系统又由更低一级的二级甚至三级子系统构成，这样便形成了系统的层次性。同时需要注意：构成系统的众多要素或子系统，无论是在性质、功能还是作用上都存在差异。对整个系统而言，一些子系统或因素很重要，在整个系统的发展变化过程中起主导作用；反之，另一些子系统或因素对整个系统的变化影响不大，甚至微乎其微。这也是系统层次性的另一种表现。⑥关联性。系统中不同元素之间存在着某种关系或关系网络。通过这种关系网络，各个元素相互影响和制约着彼此。这种关联性使得单个元素的特性最终能以系统的整体特性表现出来。⑦整体性。系统是由众多形态和功能各异的元素按照一定的规则或秩序构成的一个综合整体，进而实现一定的功能。这种整体性是系统内众多元素相互影响、相互制约之后表现出来的一个综合结果。同时需要注意：系统的这种整体性并不是各个元素的简单组合，而要有一定的统一性和整体性。只有充分注重各元素之间的协调性和连接性，系统的整体性才能更加有效地发挥。

2) 系统科学理论的含义

众所周知，系统科学理论是由以系统为研究对象的基础理论和应用开发的学科组成的学科群。它着重考察各系统的关系和属性，揭示系统的活动规律，探讨有关系统的各种理论与方法。其发展大致经历了三个主要阶段。

(1) 20 世纪 40～60 年代。理论生物学家 Bertalanffy 在著作《一般系统论》及一系列的相关研究中全面总结了一般系统论的思想及相关的概念框架，首次提出了“系统科学”一词，奠定了系统科学的理论基础。现阶段对旅游地复杂系统的研究大多是基于旅游规划案例而做出的一般系统论的解释。其主要观点包括：①从地理空间的角度出发对旅游系统概念进行阐述；②从系统功能的角度出发，基于旅游供需的视角对旅游地这样一个复杂系统的功能、结构进行研究，同时讨论系统内部与外界环境间的相互作用关系。

(2) 20 世纪 60～80 年代。以耗散结构理论、协同论、超循环和突变论为代表的自组织理论先后兴起。基于耗散结构的理论研究，通常将旅游地看作一个开放的耗散结构系统，这样的系统可以通过旅游规划的调控作用与外界进行信息、物质及能量的交换。而系统内部要素间相互竞争、协同的关系为旅游地不断提供由低级到高级演化的原动力，从而完成旅游地从低级到高级、由简单功能到多种复杂功能、从无序状态转变为有序状态的演化，进而达到相对稳定协调的状态(即耗散结构)。

与一般系统论的观点相比，耗散结构理论以其动态非平衡的观点使人们认识到，旅游地演化过程不仅仅是传统牛顿力学中所描述的简单、可逆的过程，在旅游地复杂系统内部还具有不可逆的过程，具有复杂性的特征。

(3)20 世纪 80～90 年代。这一阶段系统论主要以分形、混沌等理论的迅速发展为标志。杨春宇等(2009b)在研究旅游地复杂系统理论的过程中从核心概念、理论体系和研究方法等方面对一般系统论、耗散结构理论、系统控制论、系统动力学和混沌理论进行了梳理，结合已有研究成果详细分析了各种理论的进步与不足之处。

系统论的创立不仅开启了现代系统科学，同时对于系统内部复杂性的研究也逐渐进入人们的视野。目前，对于旅游地这样一个较复杂系统的研究主要集中于基于不同角度对系统的功能、概念、结构及在旅游规划等方面的运作进行探讨。主要的观点多集中于从地理学科的角度去阐述旅游地系统的概念。例如，Leiper(1979，1995)从地理空间的角度阐述旅游系统的概念，同时提出并修正了旅游地理空间模型。Gunn(2002)从系统功能的角度出发，以旅游供需为主要线索探索旅游地复杂系统的功能、结构与环境之间的动态作用关系，提出、修正和补充了旅游系统功能模型。系统论的引入提供了系统的思维和方法，并将系统科学理论融入旅游地复杂系统的演化研究过程中，开阔了研究视野。

本书基于系统科学理论的理论基础，将旅游地看作一个系统，旅游环境税应用于旅游地产生的影响不是单一的，而是存在一定的规律性(图 2.8)。在旅游地生命周期演化的不同阶段，旅游环境税与之存在相互对应的数值关系特征。本书将游客量作为重要指标对两者之间的相互关系进行研究，基于系统科学理论，分析旅游地生命周期与旅游环境税两者之间的耦合关系，构建旅游环境税征收模型及理论框架。

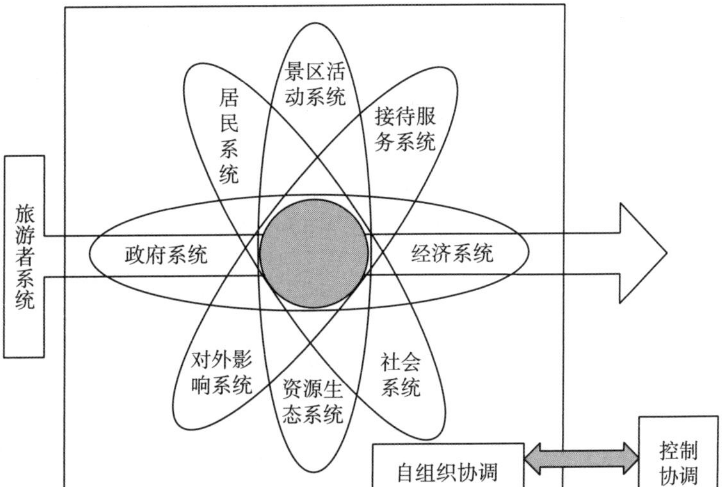

图 2.8　旅游环境系统结构图

2. 旅游地生命周期理论

"生命周期"一词最早来源于生物学，用来描述生物从出生到死亡的演化规律。后来这一概念也被用于描述自然和社会的变化过程。旅游地生命周期(tourism area life cycle)理论最早是由加拿大学者巴特勒提出的(图 2.9)，巴特勒认为旅游地在发展过程中都将经历探索期、参与期、发展期、巩固期、停滞期及衰落期(复兴期)这几个阶段。旅游环境税政策可以在一定程度上纠正由旅游活动造成的不利影响，缓解旅游地的环境污染问题，从而在一定程度上延长旅游地生命周期。

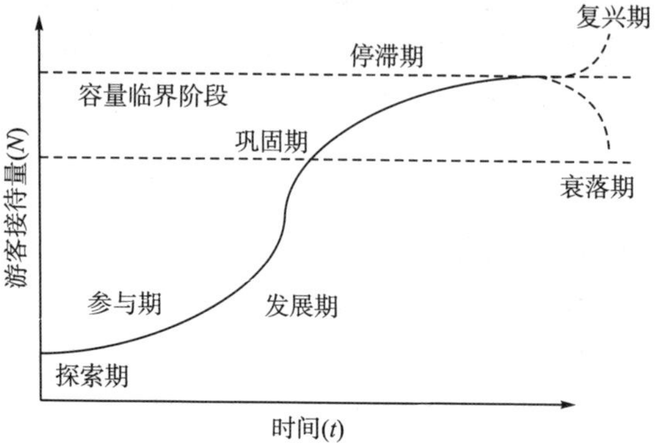

图 2.9 旅游地生命周期曲线

旅游地生命周期理论对旅游地的研究及应用有着极为重要的意义(表 2.4)：①这一理论可以较好地诠释旅游地发展过程中存在的某种规律；②依据旅游地生命周期理论可以对旅游地未来的发展进行一定的预测；③可以借助旅游地生命周期理论为旅游地发展演化提供一定的调控和方法建议；④可以用来指导旅游业相关工作人员进行旅游规划和旅游市场营销等方面的工作。

表 2.4 旅游地生命周期各阶段特征

发展阶段	特征
探索期	少量的"探险型"游客；没有或者少有旅游基础设施；只有自然或者文化景观吸引物
参与期	旅游业投资加大，开始进行广告宣传；旅游活动存在明显的季节性；客源市场形成；公共部门开始进行旅游基础设施投资
发展期	游客量迅速增长，数量超过当地居民数；有明显的客源市场；大量的广告宣传；外来投资开始占据主导地位；出现人造景观，逐渐取代自然、文化景观；"探险型"游客开始被"中间型"游客取代
巩固期	旅游业增长速度减缓；广泛的广告宣传以克服季节性和开发新的旅游市场；旅游地居民充分了解旅游业的重要性

续表

发展阶段	特征
停滞期	游客量达到顶点；旅游地形象与环境相脱离；旅游地不再时兴；严重依赖回头客；客房出租率较低；所有权经常更换；向外围地区发展
衰落期	客源市场在空间和数量上减少；对旅游业的投资开始撤出，当地投资开始取代撤走的外来投资；旅游业基础设施破旧，并可能被用于其他用途
复兴期	全新的吸引物取代了原有的吸引物，或开发了新的自然资源

旅游业作为全球最大、体系最为复杂的综合性产业，其对经济、社会的发展极其重要。旅游地生命周期理论能够从时间和空间上较好地对旅游地演化规律进行描述，具有理论价值和实践意义，主要包括三个方面的作用。①解释作用。旅游地生命周期理论可以较好地作为旅游地演化趋势的模型，对旅游业发展及市场演化进行清楚的描述。“S”形曲线展示了理想状态下旅游地演化发展的规律，解释了旅游地生命周期理论具有被外界力量影响却不会随着主体因素变化的性质。②预测作用。旅游地生命周期理论可以作为一种预测工具对旅游地演化趋势做出预测，从而进一步对旅游业的经营做出战略性指导。但是，在指导与预测过程中需要借助旅游地长期以来游客量的变化数据作为依据。当然，旅游地生命周期曲线是在一定限制条件下做出的理想预测，在现实中还会受政治、社会、经济及市场结构等环境的影响。③决策指导作用。借助旅游地生命周期理论可以确定旅游地的不同演化阶段，以及旅游地某一演化阶段的主要制约因素。在旅游地生命周期演化的不同阶段，旅游地的市场经营决策需要做出有针对性的改变，对演化阶段做出正确评估，从而做出有方向性、建设性的市场决策。

旅游地生命周期“S”形曲线与生物学 Logistic 曲线模型相似，因此 Logistic 曲线常常被移植于旅游业的相关研究中(Svend and Stephen，2001；刘勇　等，2007)。Logistic 曲线模型增长的特点是：种群生物量的增长在满足自身生长发育规律的同时，会受到环境容量的限制，其增长趋势是由正、负反馈力的综合作用而形成非线性增长，方程式如下：

$$\frac{\mathrm{d}N}{\mathrm{d}t}=rN\left(1-\frac{N}{N_m}\right) \tag{2.1}$$

式中，$\frac{\mathrm{d}N}{\mathrm{d}t}$ 为生物瞬时净增长率；r 为生物增长率；N 为 t 时间内的生物数量；N_m 为该有限环境内可以容纳生物数量的最大值；$1-\frac{N}{N_m}$ 表示与最大生物量的距离。

可以解得

$$N=\frac{N_m}{1+\mathrm{e}^{-r(t-t_0)}} \tag{2.2}$$

式中，t_0 代表当 N 等于 $N_m/2$ 时对应的时间。旅游业中 Logistic 曲线模型多用于研究特定旅游地游客量随时间的变化关系。通过对 Logistic 表达式求导可得到游客量的变化速度，依据一阶、二阶、三阶、四阶导数为零时的点按照大小顺序进行排列，可以将 Logistic 曲线划分为上述五个阶段，每个阶段与旅游地生命周期演化规律都是相对应的关系。完成这五个阶段之后，旅游地面临着不同的演化选择，主要包括复兴或衰落。

2.4.4 一般均衡理论与 RCK 模型

1. 一般均衡理论

一般均衡理论是经济学中最重要的理论之一，在实际运用时主要研究在市场经济条件下资源如何进行有效配置。1874 年，法国经济学家瓦尔拉斯在其《纯粹经济学要义》一书中提出“一般均衡”的概念。一般均衡理论也称一般均衡分析，是西方经济学的一种分析方法，与局部均衡分析方法相对。一般均衡理论假定一个社会任何一种商品(或生产要素)的需求和供应，不仅取决于该商品(或生产要素)的价格，而且取决于其他所有商品和生产要素的供求和价格。在一个一般均衡的市场中，每个单独的市场都是局部均衡的(高峰，1987)。

瓦尔拉斯描述在一个从事商品生产的社会中具有 M 种资源生产要素同时可以生产 N 种商品，在这样的环境中个人都拥有特定数量的生产资源，同时利用这些资源从事一些经济活动。此时市场企业家的目标是追求利润最大化，而消费者则追求消费品效益的最大化，而资源拥有者的目标是使得资源能够转化为更多报酬。随后瓦尔拉斯构建出了一个包含 $2M+2N$ 个方程的方程组，其中有 $M+N$ 种不同的商品价格以及 $M+N$ 个不同的商品数量，在市场中以货币表示的所有商品购买数量与出售数量保持恒等关系，在 N 种商品价格中，瓦尔拉斯把其中任何一种当作计值标准。随后经过希克斯、帕累托和德布勒等经济学家的发展和补充，一般均衡理论得到进一步完善并在此基础之上得到了较为完善的数学证明，但是并没有给出一般均衡条件之下的均衡解。

在瓦尔拉斯之后，有学者对一般均衡理论进行深入研究。布劳威尔于 1912 年运用不动点理论，为证明不动点的存在进行了具有突破性的研究。随着对一般均衡理论的研究逐渐转向应用经济学方面，对一般均衡的计算开始成为这一领域的研究热点(吴福象和朱蕾，2014)。巴廷金(Patinkin)1956 年在《货币、利息与价格》一书中根据凯恩斯的收入支出理论的思想，借助宏观分析的方法，以表示财富存量对消费支出影响的实际余额效应为核心，对货币在所谓静态与动态一般均衡中的作用问题进行了系统的分析；通过融合传统的货币理论与价值理论、凯恩斯效应和庇古效应，建立了一个所谓的反映“货币经济”宏观动态的一般均衡学说(何盛明，1990)。20 世纪七八十年代，法国经济学家格朗蒙(Grandmont)试图将阿罗-德布勒(Arow-Debreu)模型动态化，发展了短期一般均衡理论致力于寻找宏观经济学的微观基础(余晓燕，2009)。

这些学者的相关研究推动了一般均衡理论的发展。本书设定的旅游环境税政策，希望通过税收来约束旅游生态系统的过度开发现象。旅游环境税政策的主体是政府部门，政策对象主要是旅游企业及旅游者。在进行反复科学研究及论证的基础上，政府出台了旅游环境税政策。旅游环境税首先作用于旅游企业或者旅游者，随后旅游企业与旅游者依据自身偏好同政府进行博弈，之后双方博弈达到一个相对均衡的状态，在这种均衡状态下企业可以获得最大收益，同时旅游生态系统处于良好状态，不会出现恶化趋势。最优的旅游环境税政策使得经济在当下保持在一个局部最优状态，在这样的环境税政策的指引下，旅游企业加大环境保护投入，旅游者逐渐改善自身旅游行为，最终将形成旅游业良性发展模式。因此，本书设定旅游环境税政策是在经过多次相互博弈之后的最优旅游环境税，此时旅游企业能够达到企业经营利润的最大化，即一般均衡理论指导下达到的理性最优，也称为拉姆齐最优。

2. 拉姆齐-卡斯-库普曼斯经济增长模型(RCK 模型)

RCK 模型是由卡斯(Cass)和库普曼斯(Koopmans)于 20 世纪五六十年代在拉姆齐模型的基础之上发展而来，主要作用是解决跨时的资源有效配置问题。因此，RCK 模型在实际运用的过程中同样遵循拉姆齐模型的有关假设。拉姆齐模型由拉姆齐(Ramsey)于 1928 年 12 月在《经济学》杂志上发表的《储蓄的数学原理》中首次建立。拉姆齐模型基本分析框架的建立主要基于以下几点假设(戴维・罗默，2014)：①市场中的家庭长生不老，不断扩张，个人和家庭完全同质，即有限寿命的个人和基于利他主义的代际转让；②整个市场处于完全竞争的市场结构，且只有一种商品生产，没有人口增长，没有技术进步；③市场中的生产函数为 $Q=F(K, L)$，其中 K、L 为产品生产的投入要素，分别表示资本要素及劳动要素；④市场产出的商品一部分用于满足当下消费(C)，剩下一部分用于储蓄(S)，储蓄行为将会增加资本存量(K')，最终可以将生产函数转化为 $Q=K'+C$；⑤市场中消费者通过消费可以得到效用 $U(C)$，生产工作产生负面效用 $V(L)$，$A=U(C)-V(L)$，将 A 定义为享乐程度，市场中消费者可以通过消费或者储蓄产生最大享乐程度，又称为“极乐(bliss)”，用 B 表示；⑥拉姆齐模型在研究过程中忽略资本折旧。

通过上述六点假设，拉姆齐认为人们所追求的就是通过消费或储蓄不断提升享乐程度，使得享乐程度达到最大化 B。因此，在现实生产生活中只有通过合理配置消费和储蓄，才能不断缩小现实享乐程度 A 与最大享乐程度 B 之间的差距。即：$\min\int_0^{\infty}(B-A)\,\mathrm{d}t=\min\int_0^{\infty}\left[B-U(C)+V(L)\right]\mathrm{d}t$。同时，该函数受 $Q=K'+C$ 约束。通过微分法可以对上述最小化问题进行求解，最终可以得出拉姆齐模型：$K_t' = \frac{B - U(C) + V(L)}{U'C}$，该式表示效用最大化的最优投资路径。

在 RCK 模型中，生产企业借助资本，在雇佣工人进行生产活动的同时进行销售活动。生产企业的最终目标是利润最大化，同时企业所有权属于家庭所有，家庭中的每个成员代表着整个生产过程中的一个有效劳动，因此家庭可获得生产企业所产生的利润(杨静，2011)。RCK 模型假设生产企业生产函数的规模报酬不变，$Y=F(K, AL)$，其中 K、AL 分别表示资本要素以及劳动要素，即

$$y = f\left[k(t)\right] \tag{2.3}$$

式中，$y=Y/AL$，$k=K/AL$。由于市场竞争的存在，又因为家庭中资本不存在折旧，在单位时间内资本的收入表示真实的报酬率，因此在 t 这一时刻，其真实利率可以表示为 $r(t)= f'\left[k(t)\right]$。

因此，劳动边际产品可以表示为 $\partial F(K, AL)/\partial L$。所以在 t 这一时刻，员工的真实工资可以表示为

$$w(t)=\left\{f\left[k(t)\right]-k(t)f'\left[k(t)\right]\right\}A(t) \tag{2.4}$$

模型中还假设家庭在市场中是同质的，且数量众多。市场中人口数量的增长使得市场中家庭规模不断扩大，此时 N 表示增长率。市场中的家庭可以通过资本租赁的形式获取租金，同时家庭中的成员通过为生产企业提供劳动力获得部分收益。假设家庭中的储蓄全部转化为投资，则社会中总资本积累可以表示为(此时不考虑资本折旧)

$$K(t)=F(K,AL)-C(t) \tag{2.5}$$

假设市场中家庭终身效应函数可以表示为

$$U = \frac{\int_{t=0}^{\infty} C(t)^{1-\theta} L(t)}{H(1-\theta)\mathrm{d}t} \qquad \rho - n - (1-\theta)g>0,\ \theta>0 \tag{2.6}$$

式中，$C(t)$ 和 $C(t)^{1-\theta}/(1-\theta)$ 分别表示在 t 这一时刻单位家庭成员的消费和瞬时效用函数；$L(t)/H$ 代表单位家庭成员的人数，$L(t)$ 是市场中的人口总数，H 是市场上所有家庭数的总和；$\int_{t=0}^{\infty} C(t)^{1-\theta} L(t)/H$ 表示在 t 时刻单位家庭总瞬时的效用函数；θ 表示跨时消费替代弹性的导数，又称为相对风险规避系数；ρ 为时间贴现率。

依据上述方程做出以下定义，$C(t)=c(t)A(t)$，其中 $c(t)$ 为每一单位有效劳动消费，倘若初始劳动是已确定的，那么 $A(t)=A(0)\mathrm{e}^{gt}$，$L(t)=L(0)\mathrm{e}^{nt}$。因此式(2.6)可以表示为

$$
\begin{aligned}
U &= \int_{t=0}^{\infty} \mathrm{e}^{-\rho t} \frac{C(t)^{1-\theta}-1}{1-\theta} \frac{L(t)}{H} \mathrm{d}t \\
&= \int_{t=0}^{\infty} \mathrm{e}^{-\rho t} \left[A(0)^{1-\theta} \mathrm{e}^{(1-\theta)gt} \frac{c(t)^{1-\theta}}{1-\theta} \frac{L(0)\mathrm{e}^{nt}}{H} \right] \mathrm{d}t \\
&= A(0)^{1-\theta} \frac{L(0)}{H} \int_{t=0}^{\infty} \mathrm{e}^{-\rho t} \mathrm{e}^{nt} \mathrm{e}^{(1-\theta)gt} \frac{c(t)^{1-\theta}}{1-\theta} \mathrm{d}t \\
&= B \int_{t=0}^{\infty} \mathrm{e}^{-\beta t} \frac{c(t)^{1-\theta}}{1-\theta} \mathrm{d}t
\end{aligned} \tag{2.7}
$$

式中，$\beta=\rho-n-(1-\theta)g$，$B=A(0)^{1-\theta}\dfrac{L(0)}{H}$。

家庭终身消费现值小于其初始资本与终身收入的现值之和为此时家庭预算的约束条件。转换成方程形式可以表示为

$$
\frac{K(0)}{H} + \int_{t=0}^{\infty} \mathrm{e}^{-R(t)} W(t) \frac{L(t)}{H} \mathrm{d}t \geqslant \int_{t=0}^{\infty} \mathrm{e}^{-R(t)} C(t) \frac{L(t)}{H} \mathrm{d}t \tag{2.8}
$$

式中，将 $R(t)$ 定义为 $\int_{t=0}^{\infty} r(\tau)\mathrm{d}t$。将式(2.8)转化为有效劳动形式为

$$
k(0) + \int_{t=0}^{\infty} \mathrm{e}^{(n+g)t-R(t)} \left[w(t) - c(t) \right] \mathrm{d}t \geqslant 0 \tag{2.9}
$$

通过式(2.7)和式(2.9)构建拉格朗日方程，同时对 $c(t)$ 求导，可以得出

$$
B\mathrm{e}^{-\beta t} c(t)^{-\theta} = \gamma \mathrm{e}^{(n+g)t-R(t)} \tag{2.10}
$$

对式(2.10)两边同时取对数，且对 t 求导可得

$$
\frac{\dot{c}(t)}{c(t)} = \frac{n+g-r(t)+\beta}{-\theta} = \frac{f'(k(t))-\rho-\theta g}{\theta} \tag{2.11}
$$

式(2.11)是著名的欧拉方程。根据上述方程便可以讨论在 RCK 模型中，当资本一定时的消费变化情况及变化轨迹(图 2.10)。

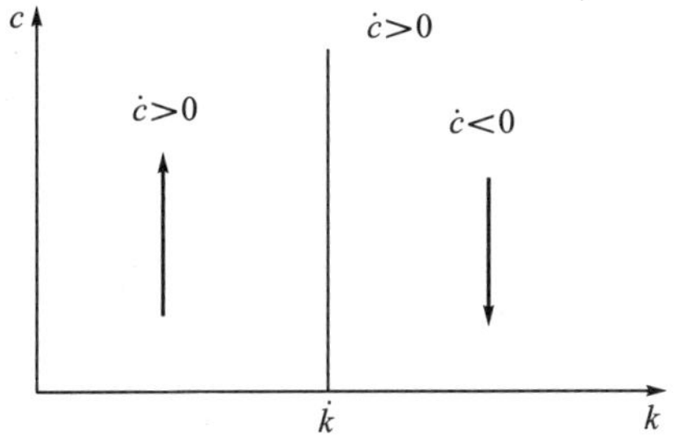

图 2.10 消费的动态变化

设$\dot{k}$是$f'\left[k(t)\right]-\rho-\theta g=0$的解。

$$\frac{\dot{c}(t)}{c(t)}=\frac{n+g-r(t)+\beta}{-\theta}=\frac{f'\left[k(t)\right]-f'\left[\dot{k}(t)\right]}{\theta} \tag{2.12}$$

当$k=\dot{k}$时，$f'\left[k(t)\right]=f'\left[\dot{k}(t)\right]$且$\dot{c}=0$；

当$k<\dot{k}$时，$f'\left[k(t)\right]>f'\left[\dot{k}(t)\right]$且$\dot{c}>0$，因此$c$处于上升趋势；

当$k>\dot{k}$时，$f'\left[k(t)\right]<f'\left[\dot{k}(t)\right]$且$\dot{c}<0$，因此$c$处于下降趋势。

又由于$C(t)=c(t)A(t)$，上述方程两边同时对t求导可得

$$\frac{\dot{C}(t)}{C(t)}=\frac{c(t)\dot{A}(t)+\dot{c}(t)A(t)}{C(t)}=g+\frac{r(t)-\rho-\theta g}{\theta}=\frac{r(t)-\rho}{\theta} \tag{2.13}$$

由式(2.13)可以看出每一个家庭成员消费的增长速率为$\left[r(t)-\rho\right]/\theta$，实际投资可以表示为$f\left[k(t)\right]-c(t)$，$\dot{k}(t)$则表示为实际投资与持平投资两者之差，以数学形式可以表示为

$$\dot{k}(t)=f\left[k(t)\right]-c(t)-(n+g)k(t) \tag{2.14}$$

式(2.14)表明，当$\dot{k}(t)=0$时，$(n+g)k(t)$决定了$c(t)$的水平。依据式(2.14)可以对RCK模型中当消费水平一定的情况下，由图(2.11)表示其资本的变化。

由图(2.11)可知，当$\dot{k}=0$，c随着k的增加而逐渐增大，当$f'\left[k(t)\right]=n+g$时，c随着k的进一步增大而减小。当c大于$\dot{k}=0$的消费水平时，资本积累k会减小；当消费c小于$\dot{k}=0$的消费水平时，资本积累k会增加。当资本积累值足够大时，保持平衡时的投资将大于总产出，在这一阶段消费水平c大于零，而$\dot{k}$为负值。

将资本动态图与消费动态图整合在一个图形中进行分析(图2.12)，可以得出其均衡增长路径将收敛于一点E，在E点上家庭单位消费、有效劳动、资本积累及产出水平是一定的。而总产出、总消费及资本存量增长的速率为$n+g$。同时还

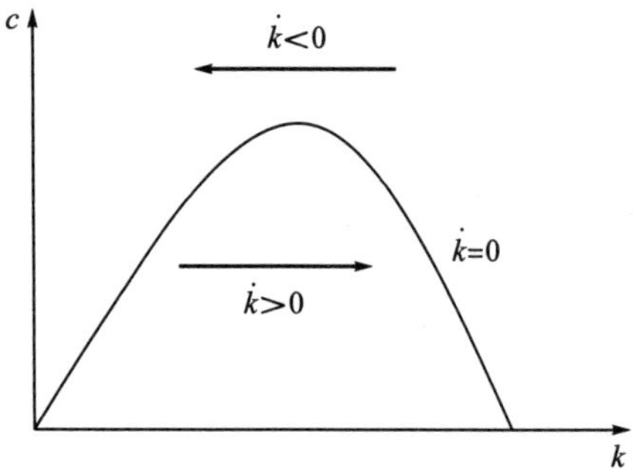

图2.11　资本动态变化

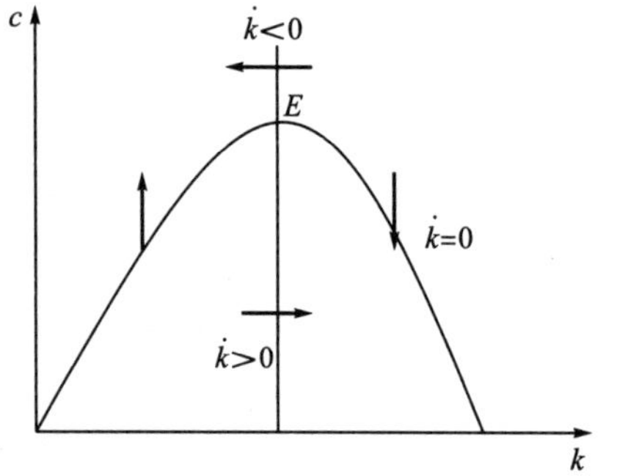

图2.12　RCK模型的均衡增长路径

可以得出对于任意资本 k 的初始水平都存在一个特定的消费水平 c 与之对应，使得经济体逐渐收敛于均衡增长路径与 E 点。上述分析充分说明了经济体可以沿着这样一个均衡路径向 E 点处移动。

第 3 章　旅游环境税测量模型构建研究

为应对旅游生态环境污染带来的不利影响，旅游环境税被认为是改善旅游生态环境行之有效的方法之一，即旅游环境税促使目的地生态环境污染出现拐点，使污染水平下降，生态环境逐渐得到改善。与此同时，一些学者在研究中发现，在实践中实施旅游环境税的时机难以合理确定，特别是在旅游目的地生态环境受污染程度并不太高时，过早地征收旅游环境税反而限制了旅游业的发展。

事实上，如果不实行旅游环境税政策，那么旅游业发展积累的负外部性将无法有效消除，旅游业的可持续发展将难以为继。本书在进行旅游环境税理论模型设定时，主要解决旅游环境税征收节点及旅游环境税征收最优值这两个核心问题。在解决旅游环境税征收节点问题时主要基于旅游地生命周期曲线与旅游环境税征收曲线之间的耦合关系，以旅游地生命周期演化不同阶段的游客量变化为线索，交点处为旅游环境税征收处于合理状态，即此时旅游地游客量保持在一定水平，同时一定程度上保证旅游收入处于较高水平；其次，在该点处旅游地生态环境状况良好，旅游资源能够得到有效利用而不会使生态环境遭到破坏。在找出旅游环境税征收的最优状态后，本书通过进一步研究，试图找出最优状态下旅游环境税的最优值。因此，本书借助 RCK 模型进行研究，希望可以得出旅游环境税实施的拉姆齐最优。

3.1　旅游环境税测量模型构建研究

本书借助 RCK 模型，通过将旅游地生命周期演化不同阶段游客量的变化纳入最终旅游产品部门的生产函数中，求解旅游环境税政策之下旅游地各利益主体利益最大化的问题。而在这之中我们主要尝试求解旅游环境税政策之下旅游产品生产部门能够实现利润最大化时旅游环境税如何征收[①]。

---

① 由于旅游环境税政策的实施，合理的政策必定会使政府的绩效目标得以满足，即旅游地生态环境朝着有利的方向发展，在这一目标上旅游地居民与政府部门是一致的。在这种情况下，旅游企业获利必定会带动旅游地经济发展，从获利的角度来说，旅游地居民与旅游企业也是一致的。因此本章主要讨论旅游企业利润最大化问题。

3.1.1　均衡增长路径下 RCK 经济模型中的旅游环境税

20 世纪五六十年代，经济学家库普曼斯(Koopmans)及卡斯(Cass)将新古典增长模式与拉姆齐模型中的消费者最优分析相结合，构建了 RCK 模型，对原有模型进行扩展研究，为在宏观层面运用拉姆齐模型测度税收政策的有效性提供可能。

本书在研究过程中基于系统科学视角，强调将旅游环境税视作旅游生态系统演化过程中的一个重要影响因素，且旅游地生命周期演化曲线及旅游环境税演化曲线构成的理论耦合模型是旅游生态系统的基础，因此旅游环境税实施过程必然是一个动态演化过程，也就是说，随着旅游地生命周期演化进入不同阶段，旅游环境税征收数额存在差别。在整个生命周期演化过程中，生命周期演化曲线与旅游环境税演化曲线的相交阈值点为该时期旅游环境税的最优征收节点，其对应的旅游环境税数值为最优的旅游环境税。而在旅游地每一个环境税的征收节点处都应存在一个局部的最优值，使得在该状态下可以实现资源的有效配置及各方利益的最大化。因此，本书认为一般均衡理论指导下的拉姆齐最优可以实现旅游地发展过程中无法达到理想中最优状态时的次优选择——它是一种局部性的最优状态。在每一节点处的均衡状态中若能使得主要利益主体实现自身利益最大化，那么此时该状态下旅游环境税政策就是当下的最优选择。

为了更好地对每个征收节点处最优环境税税值进行量化研究，本书借助 RCK 模型进行进一步研究。将旅游环境税纳入 RCK 模型中，将不同生命周期演化状态下游客量的变化作为参数代入旅游地生产函数中。当各方实现利益最大化时，此时的旅游环境税为该征收节点处的最优值，由此可尝试并探寻目的地旅游业发展的双向均衡，即旅游参与者能够获取最大利润(效益)，同时旅游生态系统实现可持续发展。

假设在旅游业经济增长到某一时刻，政府开始对旅游业征收旅游环境税，其税率为τ。行业中家庭[①]的真实利率由$r(t)=(1-\tau)f'\left[k(t)\right]$得出。假设政府征收旅游环境税之后将会以某种形式重新返还给各个家庭；这种环境税收政策的变化是非预期性的。征收旅游环境税之后，家庭的劳动报酬将产生一定的变化，可以表示为

$$\frac{\dot{c}(t)}{c(t)}=\frac{(1-\tau)f'\left[k(t)\right]-\rho-\theta g}{\theta} \tag{3.1}$$

要保持在均衡路径上，$\dot{c}=0$要求$(1-\tau)f'\left[k(t)\right]=\rho+\theta g$，即旅游环境税的报酬率为$\rho+\theta g$。如图 3.1 所示，为使$\dot{c}=0$，$f'\left[k(t)\right]$需要保持上升趋势，又由于

① 旅游业同其他行业一样，行业中的所有企业均看作由各个家庭组成。

$f''[k(t)]<0$，因此，资本量 k 需要不断减小。因此，$\dot{c}=0$ 时曲线应该要向左移动。因为通过征收旅游环境税所获得的收入将通过总量性转移支付由政府转移给家庭。因此，从宏观层面来说征收旅游环境税的行为并不会改变家庭决策，最终 $\dot{k}=0$ 时的轨迹将始终保持在稳定状态，其均衡增长将收敛于 E 点。旅游市场中家庭单位有效劳动资本的欧拉方程表示为

$$\dot{k}(t)=f[k(t)]-c(t)-(n+g)k(t) \tag{3.2}$$

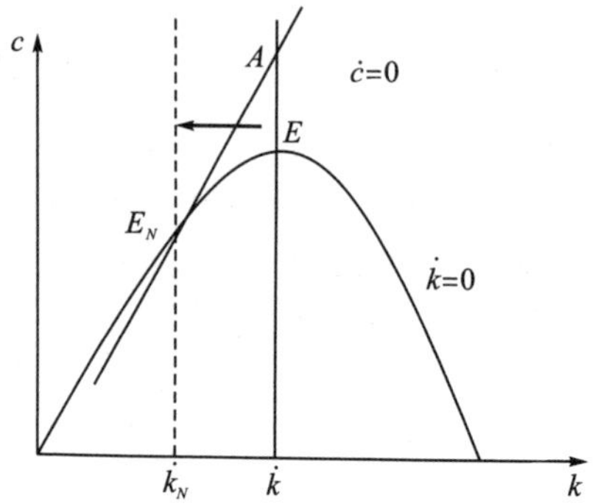

图 3.1 征收旅游环境税对市场的影响

当 t 为零时，由于旅游业资本存量是由历史上的旅游投资决定的，因此在此时旅游业的资本并不会发生连续的变化。在征收旅游环境税之后，家庭中单位有效劳动的消费会立即发生一定的变化，与消费变化趋势不同，行业资本将仍保持在原来的 $\dot{k}$ 点处。前文中旅游环境税支出是非预期性的，因此这种消费变化并不存在连续性。在政府面向旅游业征收旅游环境税之后，资本积累的回报降低。

通过上述分析可知，短期内征收旅游环境税，旅游业会随着税率的提高而降低发展速度，但是从长远来看这种影响并不明显。因此，借助 RCK 模型可知，旅游环境税在模型中只对短期内旅游经济的增长产生影响，并不会影响旅游业的长期发展。这与本书提出的旅游环境税政策的目的一致，希望通过旅游环境税测量理论模型探索旅游地生命周期演化的不同阶段、不同节点的定量研究并制定相应的动态旅游环境税政策，合理地将旅游环境税污染的成本纳入企业的生产成本，利用税收的强制性作用改善旅游企业的行为，从而使得从根本上遏制旅游业污染成为可能。本节在 RCK 模型的基础上，将旅游环境税作为生产成本纳入旅游业企业的生产函数中，构建了旅游环境税征收的模型，从而得出当旅游企业利润最大化时的旅游环境税数额为最优旅游环境税征收值。

3.1.2　旅游环境税测量模型数学推演

现实中旅游地生态环境系统存在一定的自降解能力，其自身可以降解部分旅游活动产生的污染。在旅游业发展的初始阶段，旅游企业使用化石能源产生的污染水平较低，其自身的降解能力足以平衡污染物的排放，因此旅游生态环境问题并不存在。随着旅游业的快速发展，旅游企业产品生产部门的能源消耗持续增长，污染物排放水平超出目的地生态系统的自降解能力，此时旅游地生态系统只能对旅游产品生产企业排放的污染物进行部分降解，无法及时进行降解的污染物逐渐积累，并最终导致旅游地生态环境污染。本书在进行模型设定时认为此时旅游地生态环境污染已经出现。

在进行生产函数设定时不仅需要考虑投入资本要素，还需要考虑能源投入要素。本书基于 RCK 模型，将旅游环境税作为生产成本纳入旅游业企业的生产函数中，借助柯布-道格拉斯生产函数模型①，通过分析可知游客量的变化、资本投入和劳动投入的变化都将对旅游企业的产出水平产生影响，因此将初始函数修改为

$$Y_t = K_t^{\beta} L_{y,t}^{\theta} H_t^{\alpha} \mu \tag{3.3}$$

式中，β、θ、α 分别为各项系数；μ 是随机扰动项；Y_t 是第 t 期旅游企业的总产出；$L_{y,t}$ 是产品生产部门的资本投入；H_t 是劳动投入；K_t 为游客量的变化。

旅游资源的公共属性导致其被过度利用不可避免，由于旅游企业在经营过程中的目标为利润最大化，因此旅游产品生产企业在旅游环境税政策之下同样希望获得利润最大化，旅游业利润最大化函数可以表示为

$$U_t = Y_t - r_t L_{y,t} - P_t H_t - \varphi_t \tag{3.4}$$

式中，U_t、r_t、P_t、φ_t 分别为生产部门的利润、资本利息率、劳动价格水平及旅游环境税数额。例如，本书假设在旅游地演化初期，由于旅游活动中污染物排放量较低，旅游生态问题尚未出现，政府尚未开始征收旅游环境税，当污染物逐步积累，旅游生态环境问题开始出现，此时政府征收旅游环境税为 φ_t。旅游企业利润最大化的一阶条件为(范庆泉 等，2016)：

$$r_t = \theta(Y_t / L_{y,t}) \tag{3.5}$$

此时，旅游环境税征收表达式为

$$\varphi_t = \frac{(1-\theta)Y_t}{H_t} - P_t \tag{3.6}$$

① 柯布-道格拉斯生产函数是由美国数学家柯布和经济学家保罗 •道格拉斯共同探讨投入和产出的关系时创造的生产函数，是在生产函数的一般形式上做出的改进，引入了技术资源这一因素，用来预测国家和地区的工业系统或大型企业的生产和分析发展生产的途径，是经济学中使用最广泛的一种生产函数形式。$Y_t = AL_{y,t}^{\theta} H_t^{\alpha}$，其中，$A$ 为综合技术水平，L 为劳动投入，H 是资本投入，a 是劳动力产出的弹性系数，θ 是资本产出的弹性系数。

此时，旅游企业污染物排放已经超出旅游地生态环境自降解能力，旅游环境污染物逐渐积累，需要开始征收旅游环境税，此时旅游业能够达到利润合理化，同时旅游环境税收可以对旅游地生态环境污染进行调节以保证旅游地生态系统的可持续发展。因此，可以认为该旅游环境税征收数学表达式为本书研究设定的旅游环境税的最优结果。

3.2 旅游环境税动态阈值量测模型构建

3.2.1 旅游地生命周期曲线与旅游环境税曲线耦合关系分析

旅游地复杂系统既然称为系统，其内部各元素或由其构成的子系统之间就不是毫无关系、偶然地堆积在一起的，而是有着紧密的相互联系与相互作用，否则就不能称为一个系统。而所谓系统元素或由其构成的子系统之间的相互作用就是彼此影响、相互约束或相互控制以至于耦合在一起，彼此改变对方的状态或状态空间，改变对方的行为路线或行为方式。旅游环境税与旅游地生命周期发展阶段之间彰显的正是这种耦合关系，旅游环境税与旅游地生命周期都是以旅游地复杂系统演化过程为研究对象，以游客量为重要的研究指标，从复杂系统理论整体性观点来看，二者作为旅游地复杂系统两个重要的构成因素，其演化过程正是围绕着旅游地游客量这一指标变化形成相互依存、相互影响、相互制约的时空动态耦合关系，在旅游地演化的不同时期和阶段存在着相互对应的数值关系特征。由此可以构建基于上述二者耦合关系的旅游地动态演化模型。

在旅游地复杂系统演化过程中，旅游地生命周期分为六个阶段，以游客量随时间的变化分为探索期、参与期、发展期、巩固期、停滞期及衰落期(复苏期)。由于内在耦合性使得二者之间的发展存在着相互依存、相互影响的关系，因此，旅游地生命周期发展的每一阶段游客量的变化都会对旅游地造成不同程度的影响，也就存在一个与之相对应的旅游生态补偿值及旅游环境税税值，不同阶段的旅游环境税税值反过来也会作用于旅游地的环境状况、吸引力和游客量从而改变旅游地复杂系统的演化进程(表 3.1)。

表 3.1 旅游地生命周期与旅游环境税动态关系

旅游地生命周期发展阶段	旅游地生命周期阶段特征	相应旅游环境税特征
探索期	旅游地出现少量“探险型”旅游者；旅游地基础设施较少或没有；自然或文化景观为吸引游客前来的主要因素	生态环境状态良好，不需要旅游环境税政策对旅游地进行调节

续表

旅游地生命周期发展阶段	旅游地生命周期阶段特征	相应旅游环境税特征
参与期	旅游业的投资开始出现，旅游地基础设施开始完善；此时旅游活动季节性较明显；旅游广告宣传活动开始进行，开始形成主要的客源市场	随着游客量开始增加，旅游淡旺季较明显，游客量的增加对旅游生态环境产生一定的影响，但旅游地自身净化功能使得生态环境保持相对稳定状态，此时开始征收少量旅游环境税
发展期	旅游地进入快速发展阶段，游客量迅速增加，主要客源市场明显；旅游投资迅速增长，人造景观出现	游客量的迅速增长增加了旅游地生态环境压力，因此旅游环境税征收力度也随之加强
巩固期	旅游发展速度减缓；广告宣传的作用使得季节性得到改善	该阶段旅游地发展处于较成熟阶段，旅游环境税数值在一定程度上处于相对平衡和相对合理的阈值区间，游客量同旅游地发展处于最佳的平衡状态，实现经济学意义上的双重红利
停滞期	旅游地环境容量达到极限值；旅游地形象与旅游地环境状况相背离；旅游地发展主要依赖“回头客”	该阶段旅游地生态环境承载力达到极限，生态环境输出远远大于输入，生态环境恶化较为明显，此时旅游环境税数额也达到最大值，征收目的是弥补生态赤字，用于改善旅游地生态环境污染
衰落期	客源市场在空间和数量上减少；旅游地影响力减小；旅游投资开始向外撤出；旅游基础设施陈旧，可能用于其他用途	旅游业持续超载发展所产生的负面效应使生态环境状况持续恶化，短时间内很难恢复，游客量相应地难以快速上升，此时同上一阶段相比较，旅游环境税数额需要适时下调，一方面旅游环境税继续征收是因为需要继续进行生态补偿，为生态环境改善提供相应资金，另一方面征收数额下调是为了鼓励旅游业的重新发展

图 3.2 是基于上述二者耦合关系构建的旅游环境税动态阈值量测模型。其中，纵坐标正方向表示旅游地游客量的增加，负方向表示旅游环境税税值的增加，横坐标表示时间变化。由于二者是整合在一个旅游环境税动态阈值量测模型当中，并且由于坐标方向的不同使得二者的时空演化曲线必定在某一阈值点相交。对于这一阈值点[①]，在图 3.2 中为 t_0 处所对应的值，此时游客量为 $N_m/2$。从数学推理来说，它是旅游地生命周期演化过程中的关键节点。在这之前，旅游地生命周期处于快速发展阶段，旅游生态环境处于良好状态，仍有继续发展的空间。在阈值点之后，由于旅游地快速发展导致游客量超出旅游地所能容纳的最大值，此时旅游地已经处于超载状态，短期内其带来的负面效应并不明显，但是从长远来看，该地处于不可持续发展状态。只有在上述两条演化曲线的阈值交点处旅游地才符合在保证可持续发展的前提下获取收益最大化的内在要求，因此如何对这一交点阈值进行定量化测算，以及在整个生命周期的重要节点处对旅游环境税数额进行预测成为本书要解决的关键问题之一。

① 阈值点又被称为临界值点，是指一个效应可以产生的最低值或者最高值。

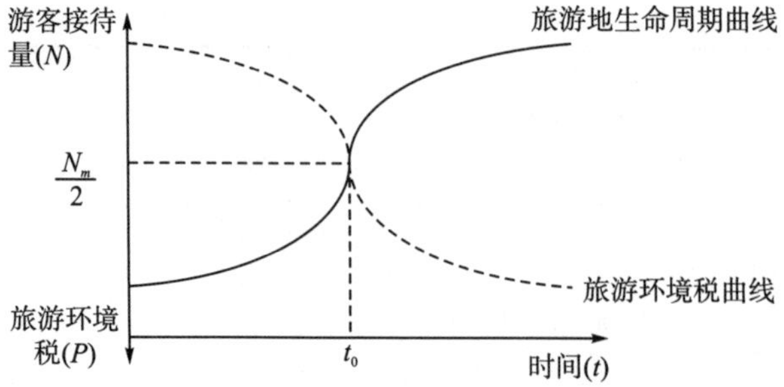

图 3.2 旅游环境税动态阈值量测模型

3.2.2 旅游环境税动态阈值量测模型数学表达式

首先，本书基于旅游环境税曲线与旅游地生命周期演化曲线两者间的耦合关系构建旅游环境税动态阈值量测模型。通过图 3.3 对模型做进一步的阐述。

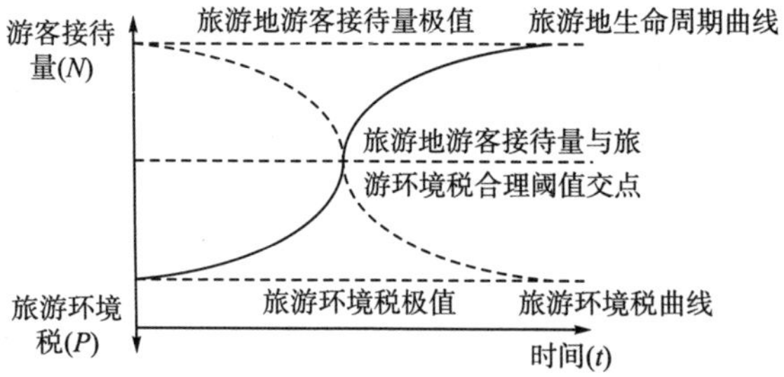

图 3.3 旅游环境税动态阈值量测模型

如图 3.3 所示，纵坐标正方向表示旅游地游客量增加，而负方向则指旅游环境税增加，横坐标为时间变化。由于旅游环境税与旅游地生命周期演化之间的耦合关系，在旅游地生命周期演化的不同阶段，游客量的变化必定对旅游环境税产生影响，因此旅游环境税也存在一个与游客量相对应的阈值，同时旅游地生命周期演化不同阶段的旅游环境税阈值将对其演化产生反馈作用，从而影响其演化进程。

1. 旅游地生命周期曲线数学表达式

旅游地生命周期在数学计算及游客量计算时多借助 Logistic 模型。旅游地能容纳最大游客量的资源和空间存在一定限度，用 N 表示以游客量为基准；t 为时间；$F(N)$ 表示游客量自然增长率的一个给定函数，基于 Logistic 模型可以将旅游地生命周期演化曲线表示为

$$\frac{\mathrm{d}N}{\mathrm{d}t}=rN\left(1-\frac{N}{N_m}\right) \tag{3.7}$$

式中，N_m为目的地最大游客接待量；r为一常数。旅游地资源利用水平较低，即游客量较少时，其环境承载力较大。随着游客量增多，其增量达到最大，增长率逐渐下降，直至N增加至N_m，此时$F(N)=0$，旅游地生态环境承载力达到极限阈值，式(3.7)变形为

$$\frac{N_m \mathrm{d}N}{N(N_m - N)} = r\mathrm{d}t \tag{3.8}$$

将上式解微分方程：

$$N = \frac{N_m}{1 + \mathrm{e}^{-r(t-t_0)}} \tag{3.9}$$

式中，t_0为当$N = \frac{N_m}{2}$时所对应的时间。求解出的方程即为如图 3.4 所示实线部分的曲线。当$t < t_0$时，游客量增长的加速度大于 0，初始阶段上升较为缓慢，随着时间的推移逐渐加快直至达到t_0，此时游客量的增长速度达到最大，为$N = \frac{N_m}{2}$；当$t > t_0$时，旅游地的发展进入停滞阶段。

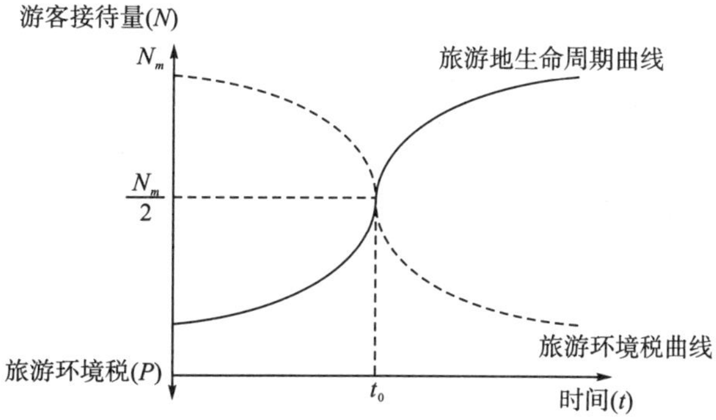

图 3.4　旅游环境税与旅游地生命周期动态演化曲线图

2. 旅游环境税曲线数学表达式

旅游环境税作为旅游地复杂系统演化过程中的被动性限制因素，通常情况下其税值由旅游地接待的最大游客量N_m决定。鉴于旅游环境税与旅游地生命周期二者耦合于旅游地动态演化模型当中，在旅游地生命周期演化的同时，旅游环境税税值也发生相对应的变化，因此本书以游客量的变化来量测旅游环境税的变化情况。由于游客量的变化，旅游地的经济、社会、文化及生态环境等也会相应受到影响，这些破坏和影响所产生的后果体现在旅游环境税上则是阈值的变化，其中假设旅游环境税增加的速度不仅与游客量成正比，即

$$-\frac{\mathrm{d}N}{\mathrm{d}t} \propto N \tag{3.10}$$

同时也与 $\frac{N_m - N}{N}$ 成正比，即

$$-\frac{\mathrm{d}N}{\mathrm{d}t} \propto \frac{N_m - N}{N} \tag{3.11}$$

转化成比例系数的形式，可得

$$\frac{\mathrm{d}N}{\mathrm{d}t} = -\mu N\left(\frac{N_m - N}{N}\right) \tag{3.12}$$

式中，N_m 为旅游地最大游客接待量；μ 为旅游环境税与旅游地生命周期演化对应的衰减系数。将上述公式进行变形后积分，得

$$\int \frac{N_m \mathrm{d}N}{N(N_m - N)} = \int -\mu \mathrm{d}t N \tag{3.13}$$

将式(3.7)变形，使用待定系数法求解上述微分方程，经过一系列演算得(杨春宇，2010)①

$$N = \frac{N_m}{1 + \mathrm{e}^{\mu(t - t_0)}} \tag{3.14}$$

由式(3.14)可以看出，旅游环境税变化曲线是一条与旅游地生命周期演化曲线相反的反“S”形曲线，如图 3.4 中虚线所示，两条曲线相交于某一阈值点。

3. 旅游环境税合理阈值量测

旅游环境税曲线与旅游地生命周期演化曲线在整个旅游地复杂系统演化过程中形成一种互相影响、互相依存、互相对应的耦合关系，并且由于二者的起点、终点及变化方向都不同，必定在旅游环境税动态阈值量测模型的某一阈值点相交。对于二者的这一阈值交点，从前文所构建动态演化模型的内在逻辑推理，它是旅游地复杂系统演化过程中关键的临界点与分歧点，是旅游地生命周期由阶段性量变向质变转化的临界点。在该阈值点之前，旅游地发展处于较好的状态，旅游环境税可以对生态环境污染进行调节，旅游地生态环境在此时是可逆的；在阈值点之后，游客量迅速增长，超出旅游生态环境承载力，形成生态赤字，旅游活动积累的负面效应超过生态系统自我修复能力及旅游环境税的调节作用，导致旅游地不可持续发展。正如前文所述，只有在上述两条演化曲线的阈值交点处，旅游地才符合在保证旅游地可持续发展的前提下获取收益最大化的内在要求。从数学计算角度来说，阈值交点的值即为两曲线方程相等时的值，即

① 具体演算过程参考杨春宇.旅游地发展研究新论——旅游地复杂系统演化理论·方法·运用[M].北京：科学出版社，2010。

$$\frac{N_m}{1+e^{-r(t-t_0)}}=\frac{N_m}{1+e^{\mu(t-t_0)}} \tag{3.15}$$

因此，只有当 $t-t_0=0$ 时，即 $t=t_0$ 时两曲线方程式相等。

此时，$N=\dfrac{N_m}{2}$，$N=\dfrac{N_m}{2}$ 即为两曲线的阈值交点。在该点处，旅游环境税与游客量处于相对合理的区间，旅游地生态系统保持相对较好的状态。

3.2.3　基于 Logistic 曲线模型的旅游地演化阶段划分

本书在引入旅游地游客量增长速度和加速度概念及其相关变量的基础上，结合旅游地生命周期理论及其数学表达式——Logistic 曲线模型，按照旅游地游客量增长速度的加速度这一参量的变化来定量划分旅游地生命周期所处的阶段，便可在旅游地游客量达到极大值或极小值时，获得不同演化阶段耦合对应的旅游环境税税值及其对应的时间，从而实现将旅游环境税征收的不同阶段定量化。

Logistic 曲线模型以 $t=t_0$ 为界限，主要可以划分为两个部分。当 $t<t_0$ 时，抛物线的加速度为正值；当 $t>t_0$ 时，抛物线的加速度为负值；当 $t=t_0$ 时，即旅游环境税征收的最佳状态，此时 $N=\dfrac{N_m}{2}$，曲线模型的增长速度达到最大，即旅游地游客量增长速度最大，加速度为 0。此时，可将旅游地游客量计算公式进行进一步划分，用加速度、速度的形式进行表达(表 3.2)。

表 3.2　Logistic 曲线模型发展阶段特点分析①

T	N	$V=f'(x)$	$a=f''(x)$	发展时期	发展性质
$(0,t_3)$	缓慢上升	速度小	加速度趋于 0	探索期	发展较慢
t_3	$\dfrac{(3-\sqrt{6})N_m}{6}$	$hN_m/12$	$0.034h^2N_m$	—	—
(t_3,t_1)	继续上升	上升	逐步增大	参与期	发展加快
t_1	$\dfrac{(3-\sqrt{3})N_m}{6}$	$hN_m/6$	$0.048h^2N_m$	—	—
(t_1,t_0)	迅速上升	上升	逐步减小	发展期	发展快速
t_0	$N_m/2$	$hN_m/4$	0	—	—
(t_0,t_2)	继续上升	下降	变负	巩固期	发展减缓
t_2	$\dfrac{(3+\sqrt{3})N_m}{6}$	$-hN_m/6$	$-0.048h^2N_m$	—	—
(t_2,t_4)	趋于平稳	下降	下降	停滞期	持续减缓
t_4	$\dfrac{(3+\sqrt{6})N_m}{6}$	$-hN_m/12$	$-0.034h^2N_m$	—	—
(t_4,∞)	趋于平稳	下降并逐步趋于 0	下降并逐步趋于 0	衰退期	趋于平稳

① 具体演算过程及表格资料参考杨春宇(2010)。

因此，旅游地游客量变化速度可以表示为

$$V=\frac{N-N_0}{t-t_0}=\frac{\Delta N}{\Delta t} \tag{3.16}$$

游客量变化的加速度可以表示为

$$a=\frac{V-V_0}{t-t_0} \tag{3.17}$$

如果旅游地游客量的变化速度保持恒定，则V是确定的，此时旅游地游客量为：$N=N_0+V\left(t-t_0\right)$，当$t_0$=0 时，$N=N_0+Vt$。

如果旅游地游客量的变化速度并非保持恒定不变，则V并不能完全确定，此时通常用平均速度来替代。

因此，旅游地游客量变化速度可以表示为

$$\bar{V}=\frac{N-N_0}{t-t_0} \tag{3.18}$$

$$N=N_0+\bar{V}\left(t-t_0\right) \tag{3.19}$$

如果已知旅游地游客量变化呈现出加速趋势，且加速度已知，为a，此时：

$$V=V_0+a\left(t-t_0\right) \tag{3.20}$$

则有

$$N=V_0t+\frac{1}{2}at^2+N_0 \tag{3.21}$$

若旅游地游客量变化加速度并非保持恒定，同样用平均加速度替代，本章对游客量的预测为近似值，与真实值之间存在差异：

$$N=V_0t+\frac{1}{2}\bar{a}t^2+N_0 \tag{3.22}$$

本书在随后的研究中，其加速度、速度均为平均值，为了书写方便不再加平均值标志。

如果旅游地游客量增长加速度为负，则游客量的表达式变为

$$N=V_0t-\frac{1}{2}\bar{a}t^2+N_0 \tag{3.23}$$

假设在一段连续的时间段t内，旅游地游客量增长的速度与加速度为

$$V=\frac{\mathrm{d}N}{\mathrm{d}t} \tag{3.24}$$

$$a=\frac{\mathrm{d}V}{\mathrm{d}t}=\frac{\mathrm{d}^2N}{\mathrm{d}t^2} \tag{3.25}$$

对$N=V_0t+\frac{1}{2}at^2+N_0$求导可得

$$\frac{\mathrm{d}N}{\mathrm{d}t}=V_0+at \tag{3.26}$$

当 $\frac{dN}{dt}=0$ 时：

$$t_m=-\frac{V_0}{a_0} \tag{3.27}$$

此时，游客量达到最大，为

$$N_m=N_0+\frac{V_0^2}{2a} \tag{3.28}$$

通过上述研究可知，在引入目的地游客量变化的加速度和速度之后结合 Logistic 曲线模型及旅游地生命周期演化的不同阶段，便可求得目的地游客量的极大值或极小值及对应的时间，从而实现将旅游环境税征收的不同阶段定量化。

第 4 章　实证案例研究

基于前文对旅游生态系统可持续发展的基础理论与实践追溯，通过引入系统科学，构建以旅游地生命周期演化曲线与旅游环境税演化曲线耦合关系为基础的旅游环境动态阈值量测模型，本章选取 31 个省(区、市)作为案例进行旅游环境税动态阈值模型验证与对策研究。通过对案例地旅游地生命周期发展阶段的预测确定旅游环境税征收节点及在对应的阶段如何进行旅游环境税的征收，从而确定合适的旅游环境税政策。本章还对全国的数据进行分析，找出不同区域旅游环境税征收的差异，从而更有针对性地提出旅游环境税政策的建议和意见。

4.1　研究区域与数据来源

4.1.1　指标选取依据

依据旅游环境税动态阈值模型对旅游环境税数值进行测算的前提，是选取科学、规范、可操作的指标。因此，本书在指标选取时遵循三点原则：系统综合性原则、数据可比性原则及可操作性原则。

系统综合性原则是指旅游地是一个涵盖多方面、多层次的系统，旅游环境税作用于旅游地必须综合考虑彼此间的重复性及适应性。

数据可比性原则是基于对建立旅游环境税征收模型的时间和空间的对比研究，本书研究的是 31 个省(区、市)的旅游业发展水平，以及不同演化阶段。因此，数据如果不是一个时间点就不具备可比性。

可操作性原则是基于数据可获得性及后续研究、数据处理的难度方面的考量，在符合现实基础的情况下，才能得到切实有效的分析结果和对策建议。

本书在 RCK 模型的基础上，将旅游环境税作为生产成本纳入旅游业企业的生产函数中，借助柯布-道格拉斯生产函数模型对旅游环境税进行测算，并结合旅游地生命周期的演化确定不同演化阶段旅游环境税税值。依据柯布-道格拉斯生产函数模型、生命周期演化数学模型及系统综合性、数据可比性和可操作性的指标选取原则，同时考虑到资料的连续性和可得性，本书的指标选择主要包括旅游收入、旅游业固定资产投资、旅游业劳动投入、游客量及旅游业劳动价格水平，其中：

旅游收入：每个地区的总体旅游收入，主要包括国内旅游收入和国际旅游收入两个部分，是反映旅游地旅游经济发展水平及旅游产业规模的重要指标。

旅游业固定资产投资：代表资本投入，可以反映旅游经济发展的动力及旅游业发展水平。

旅游业劳动投入：这部分指标来自于各省(区、市)的旅游统计公报，代表各地区的劳动投入水平。

游客量：目的地来访旅游者的总人数，包括国外、国内旅游者人数两部分。

旅游业劳动价格水平：旅游地旅游从业者的收入及生活富足情况。

4.1.2 数据来源

本书选取 31 个省(区、市)作为案例研究对象进行实证研究，通过指标选取建立旅游环境税测度指标体系，将环境税收进行定量化研究，通过计算不同区域内的旅游环境税，进行横向比较，发现旅游环境税与区域的关系；通过不同年份数据的定量化研究，进行纵向比较，找出旅游地生命周期演化不同阶段旅游环境税实施的差异。本书数据来自 2001～2017 年的《中国统计年鉴》及 2000～2016 年的《中国旅游业统计公报》等资料。

4.2 旅游环境税 φ_t 演算

在对 φ_t 演算的过程中最重要的是对生产函数的估计，主要借助最小二乘法，利用 Eviews7.2 软件进行函数相关参数的估计。本书借助柯布-道格拉斯生产函数模型，通过分析可知游客量的变化、资本投入和劳动投入的变化都将可能对旅游企业的产出水平产生影响。因此在设定具体参数时旅游产出 Y 表示旅游业总收入；K 为境内旅游总人数，主要包括入境游客量和国内游客量；H 为劳动投入，即用于旅游业发展所投入的劳动资本，本书中用每年参与培训的旅游业从业人员的人数表示；L 为旅游业固定资产投资，主要是将每年国家总的固定资产投资乘以每年旅游业综合贡献百分比从而估算出旅游业每年的固定资产投资(表 4.1)。

表 4.1 2000～2016 年国内旅游生产函数有关数据[①]

年份	旅游业固定资产投资 L/亿元	劳动投入 H/万人次	国内旅游人数/亿	入境旅游人数/亿	境内旅游总人数 K/亿	旅游业总收入 Y/亿元	ln$L$	ln$H$	ln$K$	ln$Y$
2000	1491.172	78.26	7.44	0.83	8.27	4519	7.307	4.360	2.112	8.416
2001	1935.102	97.88	7.84	0.89	8.73	4995	7.567	4.583	2.166	8.516
2002	2027.095	122.57	8.78	0.98	9.76	5566	7.614	4.808	2.278	8.624
2003	2322.684	192.96	8.70	0.97	9.67	4882	7.750	5.262	2.269	8.493
2004	3530.918	244.85	11.02	1.09	12.11	6840	8.169	5.500	2.494	8.830
2005	3728.491	267.18	12.12	1.2	13.32	7686	8.223	5.587	2.589	8.947
2006	4696.923	286.52	13.94	1.25	15.19	8935	8.454	5.657	2.720	9.097
2007	5685.209	320.94	16.10	1.32	17.42	10957	8.645	5.771	2.857	9.301
2008	9833.936	338.28	17.12	1.30	18.42	11600	9.193	5.823	2.913	9.358
2009	15227.800	397.11	19.02	1.26	20.28	12900	9.631	5.984	3.010	9.464
2010	21999.440	426.65	21.03	1.34	22.37	15700	9.999	6.055	3.108	9.661
2011	26102.450	435.65	26.41	1.35	27.76	22500	10.169	6.076	3.324	10.021
2012	37432.000	446.84	29.57	1.32	30.89	25900	10.530	6.102	3.430	10.162
2013	45522.000	427.30	32.62	1.29	33.91	29500	10.725	6.057	3.523	10.292
2014	53198.950	462.13	36.11	1.28	37.39	37300	10.882	6.135	3.621	10.527
2015	60752.200	475.40	40.00	1.34	41.34	41300	11.015	6.164	3.722	10.628
2016	66771.910	474.5	44.4	1.38	45.78	46900	11.109	6.162	3.823	10.756

注：资料来源于 2000～2016 年的《中国旅游业统计公报》和 2001～2017 年的《中国统计年鉴》。

在进行数据处理时，主要借助 Eviews7.2 软件对生产函数中所涉及的参数进行估计，并检验模型的拟合效果。为了利于数据的处理，首先将生产函数两边取对数：

$$\ln Y=\beta\ln K+\theta\ln L+\alpha\ln H+\mu \tag{4.1}$$

利用最小二乘法对参数进行处理得

① 虽然对于具体的旅游地或者旅游生产部门，其生产函数存在一定的差异性，但是从宏观层面来看地区旅游与国内旅游发展的总体趋势保持一致。因此，为了保证研究的一致性，本书选取国内总体的数据进行生产函数的参数估计。

Dependent Variable：$\ln Y$

Method：Least Squares

Date：01/13/18　Time：09: 36

Sample：2000　2016

Included Observations：17

Variable	Coefficient	Std.Error	t-Statistic	Prob.
C	6.057897	0.148193	40.87846	0.0000
$\ln H$	−0.241275	0.032510	−7.421662	0.0000
$\ln K$	1.580863	0.110643	14.28799	0.0000
$\ln L$	0.014747	0.044760	0.329461	0.7471
R-squared	0.998539	Mean dependent var		9.476403
Adjusted R-squared	0.998202	S.D.dependent var		0.796790
S.E.of regression	0.033785	Akaike info criterion		−3.735255
Sum squared resid	0.014839	Schwarz criterion		−3.539204
Log likelihood	35.74966	Hannan-Quinn criter.		−3.715767
F-statistic	2962.068	Durbin-Watson stat		1.817239
Prob (F-statistic)	0.000000			

注：Dependent Variable，因变量；Method，方法；Least Squares，最小二乘法；Date，日期；Time，时间；Sample，样本；Included Observations，包括观察值；Variable，变量；Coefficient，系数；Std.Error，标准误差；t-Statistic，t 统计值；Prob.，P 值；R-squared，决定系数；Mean dependent var，因变量均值；Adjusted R-squared，修正决定系数；S.D.dependent var，因变量标准差；S.E.of regression，回归标准误差；Akaike info criterion，赤池信息量准则；Sum squared resid，残差平方和；Schwarz criterion，施瓦茨准则；Log likelihood，对数似然值；Hannan-Quinn criter.，H-Q 准则；F-statistic，F 统计量；Durbin-Watson stat，D-W 检验；Prob (F-statistic)，P 值，后同。

$$
\begin{aligned}
&\ln Y = 6.057897 + 0.014747\times\ln L + 1.580863\times\ln K - 0.241275\times\ln H \\
&\text{S.E.} = (0.148193)\quad (0.032510)\quad (0.110643)\quad (0.044760) \\
&t = (40.87846)\quad (0.329461)\quad (14.28799)\quad (-7.421662) \\
&R^2 = 0.998539\qquad \text{D.W.} = 1.817239
\end{aligned} \tag{4.2}
$$

因此，依据估计可得：$\beta=1.580863$；$\theta=0.014747$；$\alpha=-0.241275$。R^2=0.998539 说明 K、H、L 解释了总模型的 99.85%，解释程度较好，拟合程度较好。而 F 检验得出的结果为 2962.068，远远大于临界值，说明本书设定的模型整体检验显著性较好，各解释变量的影响显著；但是通过检验结果发现 $\ln L$ 的 t 等于 0.329461，小于临界值，因此未能通过 T 检验。但由于模型整体拟合度较好，猜测可能存在多重共线性，需要对其进行进一步验证(表 4.2)。

表 4.2　多重共线性相关系数矩阵

	$\ln K$	$\ln H$	$\ln L$
$\ln K$	1.000000	0.892784	0.990245
$\ln H$	0.892784	1.000000	0.884173
$\ln L$	0.990245	0.884173	1.000000

表 4.2 中显示变量间的相关系数很大，变量间具有高度的相关性，这解释了为什么在进行回归分析时能够通过 F 检验却不能通过 T 检验。因此，本书以残差绝对值的倒数为权重，利用加权最小二乘法进行再次修正，得到如下结果：

Dependent Variable：ln*Y*

Method：Least Squares

Date：01/13/18　Time：18: 38

Sample：2000　2016

Included Observations：17

Variable	Coefficient	Std.Error	*t*-Statistic	Prob.
C	6.066343	0.055414	109.4726	0.0000
ln*L*	0.031585	0.012568	2.513080	0.0259
ln*K*	1.542012	0.027704	55.66026	0.0000
ln*H*	−0.250086	0.016763	−14.91916	0.0000

Weighted Statistics			
R-squared	0.999927	Mean dependent var	19.99313
Adjusted *R*-squared	0.999910	S.D.dependent var	22.33033
S.E.of regression	0.010356	Akaike info criterion	−6.100119
Sum squared resid	0.001394	Schwarz criterion	−5.904069
Log likelihood	55.85101	Hannan-Quinn criter.	−6.080631
F-statistic	59265.66	Durbin-Watson stat	1.807293
Prob (*F*-statistic)	0.000000	Weighted mean dep.	9.773552

Unweighted Statistics			
R-squared	0.998490	Mean dependent var	9.476403
Adjusted *R*-squared	0.998141	S.D.dependent var	0.796790
S.E.of regression	0.034355	Sum squared resid	0.015344
Durbin-Watson stat	1.794780		

注：Weighted Statistics. 加权统计；Unweighted Statistics. 未加权统计，下同。

修正之后发现拟合效果较好。其次，D.W.检验显示在 5%的显著性水平下该模型的 D.W.值大于临界值，模型不存在自相关。最后通过数据整理得到最终的修正之后的估计模型为

$$\ln Y = 6.066343 + 0.031585 \times \ln L + 1.542012 \times \ln K - 0.250086 \times \ln H$$

$$\text{S.E.} = (0.055414) \quad (0.012568) \quad (0.027704) \quad (0.016763)$$

$$t = (109.4726) \quad (2.513080) \quad (55.66026) \quad (-14.91916)$$

$$R^2 = 0.999927 \qquad \text{D.W.} = 1.807293$$

拟合后的估计值、残差、实际值如图 4.1 所示。

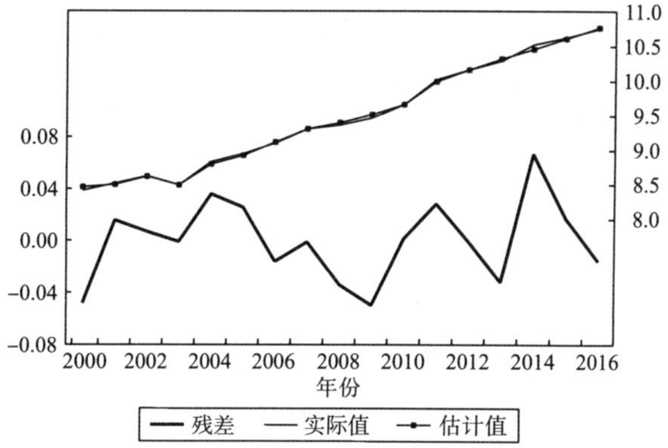

图 4.1　拟合后的估计值、残差、实际值

最终得出生产函数为

$$Y = 431.101285 \times L^{0.032} K^{1.54} H^{-0.25} \tag{4.3}$$

将所得参数代入旅游环境税函数关系式得

$$\varphi_t = \frac{0.97 \times 431.101285 \times L^{0.032} K^{1.54} H^{-0.25}}{H_t} - P_t \tag{4.4}$$

4.3　案例地游客量演化阶段分析与预测

本书主要的研究目标是探索在旅游地生命周期不同阶段，旅游环境税的征收情况并借助案例地进行模拟。4.2 节已将 φ_t 函数确定，本节的研究重点是进行案例地游客量的演化，即确定旅游地生命周期演化的各个阶段游客量的变化情况。

本节主要分为两个部分：一是借助模糊隶属函数将收集的游客量原始数据无量纲化，即数据的标准化处理；二是对旅游环境税征收的不同阶段进行数学量化模拟，通过建立数学模型的方式将征收阶段进行划分。

4.3.1　数据的标准化处理

根据模糊隶属函数公式：

$$\varphi\left(X_{ij}\right) = \frac{X_{ij} - X_{in}}{X_{im} - X_{in}} \begin{cases} 1 & X_{ij} > X_{im} \\ \dfrac{X_{ij} - X_{in}}{X_{im} - X_{in}} & X_{in} < X_{ij} < X_{im} \\ 0 & X_{ij} < X_{in} \end{cases} \tag{4.5}$$

式中，X_{im} 表示各个省(区、市)在同一指标中的最大值，X_{in} 表示最小值。在实际的计算过程中，正向指标的最小值规定为0。本书主要借助SPSS 22.0对原始数据进行标准化处理(表4.3)。SPSS提供了数据标准化处理方法，无量纲化后各变量的平均值为0，标准差为1，从而消除量纲和数量级的影响。对结果进行描述性统计得出无量纲化结果[①]。

表4.3 标准化处理结果

地区	描述统计				
	数字	最小值(*M*)	最大值(*X*)	平均值(*E*)	标准偏差
北京	17	0.89	2.80	1.7400	0.64997
上海	17	0.79	3.05	1.6841	0.85709
重庆	17	0.33	4.51	1.6624	1.39924
甘肃	17	0.06	1.90	0.5288	0.57837
广东	17	0.63	4.91	2.0441	1.28365
内蒙古	17	0.08	0.98	0.4082	0.28443
宁夏	17	0.02	0.22	0.0918	0.06464
新疆	17	0.09	0.81	0.3012	0.21540
西藏	17	0.01	0.23	0.0706	0.07163
广西	17	0.34	4.09	1.4776	1.13867
青海	17	0.03	0.29	0.1212	0.07817
海南	17	0.09	0.60	0.2576	0.15659
山东	17	0.70	7.10	3.1100	2.19751
天津	17	0.31	1.91	0.9018	0.49709
江苏	17	0.72	6.80	3.2800	2.01531
山西	17	0.29	4.40	1.4376	1.24799
贵州	17	0.18	5.31	1.4329	1.50142
浙江	17	0.70	6.84	3.1082	2.03519
辽宁	17	0.43	4.60	2.2035	1.44937
黑龙江	17	0.28	1.45	0.8435	0.43795
吉林	17	0.19	1.66	0.6353	0.45740
福建	17	0.31	3.15	1.1965	0.88067
云南	17	0.34	4.31	1.7576	1.34425
河南	17	0.51	5.83	2.3812	1.75034
四川	17	0.58	6.01	2.7771	1.96594
江西	17	0.25	4.70	1.4159	1.36843

① 无量纲化结果输出见附录一。

续表

地区	描述统计				
	数字	最小值(*M*)	最大值(*X*)	平均值(*E*)	标准偏差
湖北	17	0.55	5.73	2.1241	1.80111
河北	17	0.27	4.67	1.5829	1.29834
湖南	17	0.47	5.65	2.0071	1.65566
安徽	17	0.30	5.25	1.7441	1.62970
陕西	17	0.31	4.49	1.5371	1.35393
有效 *N*(成列)	17				

借助 SPSS 22.0 将上述结果进行聚类分析，可得出在 2000～2016 年，31 个省(区、市)按照旅游地演化阶段可以大致分为四种类型(图 4.2 和表 4.4)。

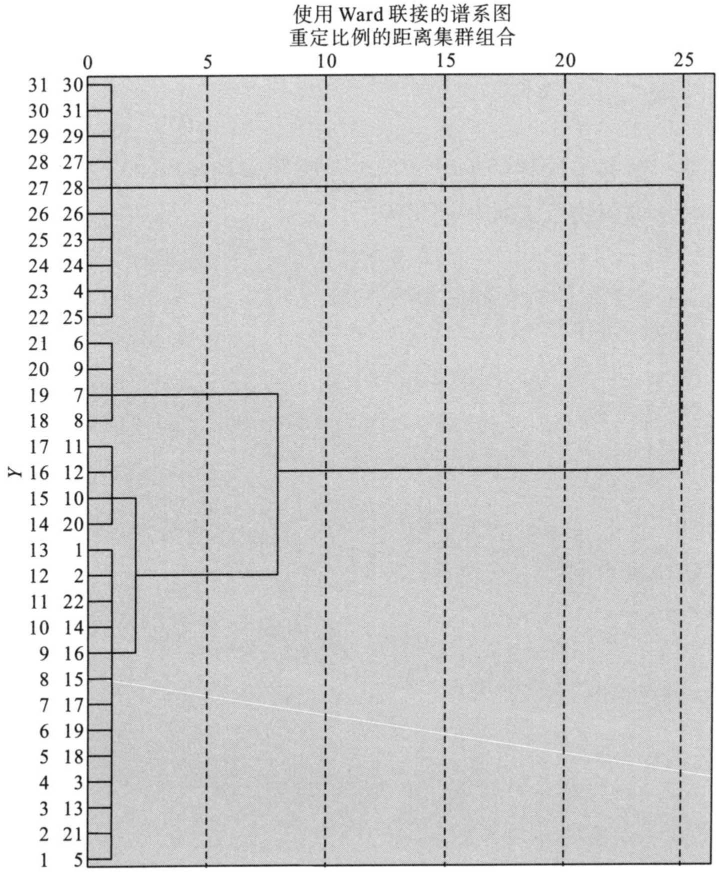

图 4.2 31 个省(区、市)旅游地生命周期演化阶段聚类分析的树形图

表 4.4　31 个省(区、市)游客量聚类分析汇总

类别	数量	地区
类型一	13	北京、上海、福建、陕西、河北、江西、山西、广西、贵州、重庆、安徽、云南、广东
类型二	4	山东、江苏、四川、浙江
类型三	4	湖北、湖南、河南、辽宁
类型四	10	西藏、宁夏、青海、新疆、海南、内蒙古、黑龙江、吉林、甘肃、天津

4.3.2 旅游地生命周期演化阶段分析

1. 探索期

在该阶段，加速度为零，游客量增长速度近似为零，因此在该阶段由于游客量较少，不便于统计，本书对该阶段游客量并不多做预测。

2. 参与期

在参与期，游客量增长的加速度为零，因此增长速度可以看作常数，此时对于旅游地游客量预测的公式可以表示为

$$N = N_0 + Vt \tag{4.6}$$

借助 Eviews7.2 软件进行回归拟合，即

$$y = A + Bx \tag{4.7}$$

式中，A 与 N_0 对应，B 与 V 对应。

3. 发展期

在发展期，游客量增长的加速度大于零，其演化函数图形可以看成一条开口向上的抛物线，表示为

$$N = V_0 t + \frac{1}{2}at^2 + N_0 \tag{4.8}$$

同样借助 Eviews7.2 软件进行回归拟合，即

$$y = A + Bx + Cx^2 \tag{4.9}$$

式中，A 与 N_0 对应，B 与 V_0 对应，C 与 $\frac{1}{2}a$ 对应。

4. 巩固期

游客量增长的加速度小于零，演化的函数图形近似一个开口向下的抛物线，游客量的预测公式可以表示为

$$N = V_0 t - \frac{1}{2}at^2 + N_0 \tag{4.10}$$

相对应的回归方程为

$$y = A + Bx - Cx^2 \tag{4.11}$$

5. 停滞期

在停滞期，游客量增长的加速度为零，增长速度为零，旅游地整体游客量将维持在一定的范围，因此根据上述公式可知游客量达到最大值的时间可以表示为

$$x_m = -\frac{B}{2C} \tag{4.12}$$

最大游客量为

$$N_m = A + \frac{B^2}{4C} \tag{4.13}$$

根据旅游地生命周期演化规律可知，进入停滞期后，旅游地随后可能会进入一个分歧期，旅游目的地可能会进入复兴期或者衰落期。

6. 分歧期

如果此时游客量增长的加速度为正数，表示旅游地将进入复兴期，由此，该旅游地将进入一个新的演化周期；如果此时游客量增长的加速度为负数，表示旅游地开始衰落；当旅游地游客量增长的加速度为零时游客量增长速度为零，旅游地游客量保持长时间的稳定，即与停滞期数量保持一致，表示此时旅游地仍处于停滞期。

利用上述构建的公式，将 31 个省(区、市)的数据代入，借助 Eviews7.2 对数据进行回归模拟。具体结果如表 4.5 所示。

表 4.5　2000～2016 年 31 个省(区、市)旅游环境税征收节点预测　(单位：亿人)

地区		探索期	参与期	发展期	巩固期	停滞期
北京	时期	—	(2000,2003)	(2003,2012)	(2013,2016)	—
	代表值		1.063	1.653	2.680	

续表

地区		探索期	参与期	发展期	巩固期	停滞期
上海	时期	—	(2000,2005)	(2006,2010)	(2010,2016)	—
	代表值		0.920	1.362	2.647	
福建	时期	—	(2000,2007)	(2007,2012)	(2012,2016)	—
	代表值		0.505	1.160	2.368	
陕西	时期	—	(2000,2004)	(2005,2011)	(2011,2016)	—
	代表值		0.356	1.071	3.115	
河北	时期	—	(2000,2007)	(2007,2012)	(2012,2016)	—
	代表值		0.608	1.475	3.302	
江西	时期	—	(2000,2005)	(2005,2012)	(2012,2016)	—
	代表值		0.355	1.034	3.246	
山西	时期	—	(2000,2003)	(2004,2012)	(2012,2016)	—
	代表值		0.323	1.068	3.092	
广西	时期	—	(2000,2002)	(2002,2011)	(2011,2015)	—
	代表值		0.433	0.929	2.540	
贵州	时期	—	(2000,2005)	(2005,2011)	(2011,2015)	—
	代表值		0.228	0.896	2.684	
重庆	时期	—	(2000,2005)	(2005,2011)	(2011,2015)	—
	代表值		0.467	1.166	3.122	
安徽	时期	—	(2000,2005)	(2005,2010)	(2010,2014)	—
	代表值		0.382	1.140	3.690	
云南	时期	—	(2000,2003)	(2003,2012)	(2012,2016)	—
	代表值		0.443	1.285	3.554	
广东	时期	—	(2000,2002)	(2003,2010)	(2010,2015)	—
	代表值		0.810	1.421	3.028	
山东	时期	—	(2000,2002)	(2002,2010)	(2010,2016)	—
	代表值		0.823	1.924	5.414	
江苏	时期	—	(2000,2004)	(2004,2011)	(2011,2015)	—
	代表值		1.120	2.811	5.444	
四川	时期	—	(2000,2005)	(2005,2010)	(2010,2016)	—
	代表值		0.937	2.006	4.813	
浙江	时期	—	(2000,2004)	(2004,2008)	(2008,2014)	—
	代表值		0.952	2.010	4.127	
湖北	时期	—	(2000,2002)	(2003,2010)	(2011,2015)	—
	代表值		0.613	1.055	3.653	

续表

地区		探索期	参与期	发展期	巩固期	停滞期
湖南	时期	—	(2000,2004)	(2004,2012)	(2012,2016)	—
	代表值		0.564	1.538	4.228	
河南	时期	—	(2000,2004)	(2004,2012)	(2012,2016)	—
	代表值		0.610	2.060	4.666	
辽宁	时期	—	(2000,2003)	(2003,2010)	(2010,2016)	—
	代表值		0.550	1.596	3.711	
甘肃	时期	(2000,2005)	(2005,2016)	—	—	—
	代表值	0.078	0.719			
吉林	时期	(2000,2004)	(2004,2015)	—	—	—
	代表值	0.236	0.686			
黑龙江	时期	(2000,2005)	(2005,2016)	—	—	—
	代表值	0.358	1.053			
天津	时期	(2000,2003)	(2003,2016)	—	—	—
	代表值	0.370	1.016			
西藏	时期	(2000,2004)	(2004,2016)	—	—	—
	代表值	0.010	0.089			
宁夏	时期	(2000,2004)	(2004,2016)	—	—	—
	代表值	0.023	0.106			
青海	时期	(2000,2003)	(2003,2016)	—	—	—
	代表值	0.037	0.132			
内蒙古	时期	(2000,2003)	(2003,2016)	—	—	—
	代表值	0.098	0.475			
新疆	时期	(2000,2003)	(2003,2016)	—	—	—
	代表值	0.098	0.346			
海南	时期	(2000,2004)	(2004,2015)	—	—	—
	代表值	0.116	0.303			

本书借助前文构建的理论量测模型对 31 个省(区、市)旅游地生命周期演化的不同阶段进行分阶段定量化测算。为了便于将 31 个省(区、市)按照旅游地生命周期演化的不同阶段进行分类，本书还采用系统聚类分析法，借助 SPSS 22.0 进行测算。测算过程中用到的数据是 2000～2016 年 31 个省(区、市)游客量的数值，经过测算得到系统聚类分析树形图。

4.4 征收节点处旅游环境税税值测算

在对旅游环境税动态阈值量测模型进行拟合、确定之后，本书通过回归模拟的方式借助 Eviews7.2 测算出 31 个省(区、市)的不同演化阶段。同时通过模拟，对整个生命周期演化的不同阶段进行预测，将预测结果代入旅游环境税动态阈值量测模型，从而得出旅游地生命周期发展不同阶段旅游环境税数额的预测值。需要注意的是，本书最终确定的是区域内旅游环境税征收的总数额，并不涉及具体的旅游环境税在每个分部门、每个旅游企业如何进一步征收。除此之外，由于案例地初探阶段的旅游生态问题较轻，或者尚未出现，因此本书暂不考虑旅游地处于初探阶段旅游环境税的征收情况。

将各案例地各阶段游客量的代表值代入旅游环境税动态阈值量测模型进行计算，得出表 4.6 所示结果，即各区域内不同生命周期阶段旅游环境税征收税额的均值及最优旅游环境税征收的具体数值。

表 4.6 旅游地不同演化阶段旅游环境税税值计算 (单位：亿元)

地区	最优旅游环境税征收数值	参与期征收数值	发展期征收数值	巩固期征收数值
北京	28.1033	13.7759	29.0838	30.5367
上海	27.8033	11.5527	21.2581	31.0856
天津	21.2509	9.9357	15.5803	24.7566
重庆	22.8373	4.3597	15.6595	24.3668
广东	29.8336	13.7201	30.4795	34.2055
山东	23.4891	8.9378	17.3412	24.5534
江苏	25.4626	10.3798	19.6586	28.9874
四川	15.2964	6.3243	15.7926	22.4269
浙江	25.4396	10.4787	17.3623	27.6755
河南	18.4244	5.4232	13.2154	21.6877
湖北	18.6612	6.4163	11.0199	19.2613
湖南	16.4894	6.0337	12.4669	20.0031
安徽	21.4459	7.2353	14.7761	22.7229
陕西	14.9878	7.4493	12.3347	15.2163
江西	22.4411	7.4415	13.2988	23.4373
河北	11.8891	4.2453	9.3396	13.4272
山西	18.6683	7.2256	14.3259	19.6694

续表

地区	最优旅游环境税征收数值	参与期征收数值	发展期征收数值	巩固期征收数值
贵州	5.7383	3.4232	5.9879	11.4232
广西	13.4232	4.0384	8.7966	14.2585
辽宁	12.6679	5.9426	9.9979	14.3828
云南	14.9365	5.6989	9.9912	17.3263
福建	25.0133	9.3929	15.1298	27.3328
甘肃	4.8892	1.3947	3.2193	6.8219
吉林	16.3392	6.3891	12.4789	14.3849
黑龙江	14.4782	7.8987	12.1287	15.9482
内蒙古	13.3893	4.3898	10.7876	15.2734
新疆	7.9678	1.7368	4.3716	7.8933
海南	17.3786	3.4787	14.7486	18.4632
青海	4.0621	1.9332	2.2913	3.9381
西藏	2.6763	0.3112	0.9738	1.9237
宁夏	2.7768	0.7876	1.9378	2.0370

通过归纳和分析发现，最优状态下旅游环境税征收数额大于 25 亿元的地区包括(表 4.7)：北京、江苏、浙江、上海、广东和福建。其中旅游环境税预测值最大的省份为广东，达到 29.8336 亿元；旅游环境税数额为 15 亿～25 亿元的地区包括：天津、山东、河南、安徽、吉林、江西、山西、湖北、湖南、重庆、四川及海南；旅游环境税数额为 5 亿～15 亿元的地区有：河北、黑龙江、内蒙古、陕西、贵州、云南、广西、辽宁、新疆；剩下 4 个地区旅游环境税预测值小于 5 亿元，其中最小的是西藏，为 2.6763 亿元(表 4.7)。

表 4.7　旅游环境税征收数额聚类分析统计表

旅游环境税征收数额/亿元	数量/个	地区
＞25	6	北京、江苏、浙江、上海、广东、福建
[15,25]	12	天津、山东、河南、安徽、江西、山西、湖北、湖南、重庆、四川、海南、吉林
[5，15)	9	河北、黑龙江、内蒙古、陕西、贵州、云南、广西、辽宁、新疆
＜5	4	西藏、甘肃、青海、宁夏

综合运用前文中的 RCK 模型，结合旅游地生命周期演化数学模型，本书得出 31 个省(区、市)旅游环境税征收的最优值、不同节点处旅游环境税征收数值及排

名情况，从而对 2000～2016 年旅游环境税征收情况有了大致了解，具体如下。

(1)旅游地生态系统最优状态下旅游环境税征收数额最大的区域集中在东部沿海地区，这些区域旅游业发展水平较高，存在旅游生态环境恶化的风险，征收旅游环境税的目的在于对发展不协调的现状进行调整以及对破坏旅游生态环境、过度使用旅游资源的行为进行惩罚。随后向西发展，中部地区的主要城市，旅游环境税的预测值处于第二梯队。在这一梯队中还包含海南、四川以及重庆。出现这样的状况并不难解释，海南是旅游业较发达省份，因此其旅游发展水平较高，旅游环境税征收数额处于较高水平也在情理之中。而西部地区经济较发达的四川省和重庆市，由于经济在区域中处于领先地位，拥有较多的旅游资源，交通较为发达，能为旅游业发展提供较多便利，因此旅游业发展水平较高，旅游环境税阶段性最优税额也较大。旅游环境税阶段性最优税额处于第三梯队的省份普遍存在以下问题：自身旅游资源较丰富，但区位优势不明显、经济发展水平较低或旅游业发展起步较晚，使得在该区域内并不需要征收高额的旅游环境税。第四梯队的省份均为西部经济发展较落后的地区，这些地区旅游业发展水平较低，达到阶段性最优的时间较晚，征收旅游环境税的目的在于对旅游地阶段性过度发展进行一定的警示，若征收较高的旅游环境税必定会抑制该地区旅游业的发展。

(2)旅游地生态系统最优状态下旅游环境税征收数额小于 5 亿元的省(区)为西藏、甘肃、青海、宁夏。上述区域除甘肃外，其最优旅游环境税数额要大于停滞阶段征收数额。通过数据演算可以得出这些地区旅游业整体发展无论是横向与其他省份相比，还是与自身的演化过程模拟数值相比都是相对滞后的，倘若对上述地区采取严格的旅游环境税征收政策，必定会抑制旅游业发展，不利于当地旅游产业发展。

4.5 旅游环境税动态阈值量测模型有效性检验

4.5.1 有效性检验原理

本书构建的旅游环境税动态阈值量测模型假设旅游环境税与旅游地生命周期演化过程一一对应，概括来说就是，在旅游地发展的初始阶段，旅游生态环境状况较好，随着旅游地的不断发展，生态环境问题日趋严峻，此时旅游环境税应该相应地做出调整才能符合旅游的实际发展要求。因此，在对动态阈值量测模型计算出的旅游环境税进行有效性拟合时，也可以借助旅游地生命周期分阶段预测的方式进行拟合，若旅游环境税测量值的变化与旅游地生命周期演化存在对应关系，则可以说动态阈值量测模型得出的旅游环境税税值是有效的，符合模型预期。

下面，将旅游环境税测量值进行数学量化模拟，通过建立数学模型的方式进行划分，旅游地生命周期演化四个阶段的旅游环境税动态阈值计算公式如下。

1. 探索期

在探索期，游客量的增长加速度为零，游客量增长速度近似为零，由于游客量较少，不便于统计，本书对该阶段游客量没有进行预测，同时环境污染程度较小，并不需要旅游环境税政策进行调整。

2. 参与期

在参与期，游客量增长的图形近似一条直线，加速度为零，增长速度为常数，此时，旅游环境税应该与之对应，理论上应符合线性的变化趋势，表示为

$$\varphi = \varphi_0 + Vt \tag{4.14}$$

借助 Excel 软件进行回归拟合，即

$$y = A + Bx \tag{4.15}$$

式中，A 与 φ_0 对应，B 与 V 对应。

3. 发展期

此时游客量演化的函数图形近似一条开口向上的抛物线，增长加速度大于零，呈现出快速增长的发展模式，与之对应的旅游环境税的数值也呈现出持续增长的趋势，增长加速度大于零，表示为

$$\varphi = V_0 t + \frac{1}{2}at^2 + \varphi_0 \tag{4.16}$$

同样借助 Excel 软件进行回归拟合，即

$$y = A + Bx + Cx^2 \tag{4.17}$$

式中，A 与 φ_0 对应，B 与 V_0 对应，C 与 $\frac{1}{2}a$ 对应。

4. 巩固期

游客量演化函数图形近似一个开口向下的抛物线，游客量的增长加速度小于零，游客量增长速度有下降趋势，因此，旅游环境税预测值也应该与之对应，表示为

$$\varphi = V_0 t - \frac{1}{2}at^2 + \varphi_0 \tag{4.18}$$

相对应的回归方程为

$$y = A + Bx - Cx^2 \tag{4.19}$$

基于上述分析，本书将选取中、东、西部三个地区旅游业发展的典型省(区、市)进行验证，更加全面地证明本书模型构建的有效性和合理性。如果得出旅游环境税变化趋势与旅游地生命周期演化趋势相对应，说明本书得出的旅游环境税的预测值是有效的。下面将借助 Excel 软件进行拟合，结合案例地数据做进一步的分析。

4.5.2 案例地数据检验

1. 北京

在对北京市旅游生命周期进行阶段性演化预测时可以得出：2000～2002 年北京市旅游业处于参与期，游客量变化加速度为 0，游客量变化速度为正值；2003～2012 年处于发展期，游客量增长的加速度和速度均为正值；2013～2016 年处于巩固期，游客量增长的加速度开始变为负值，而速度仍为正值(表 4.8)。

表 4.8 北京市旅游生命周期演化阶段①

	参与期	发展期	巩固期	最优时间(N_m/2)
时间段	(2000,2002)	(2003,2012)	(2013,2016)	2007
变化加速度	0	+	–	
变化速度	+	+	+	

在对北京旅游地生命周期演化阶段进行预测之后，按照演化的不同阶段对旅游环境税预测值进行分阶段拟合。

从图 4.3 中可以发现，2000～2004 年旅游环境税税值的变化加速度为零，税值变化速度为正值，整体呈现出直线增加的趋势，反映在图中近似为一条上升的直线，且 R^2=0.9854，因此拟合效果较好，与旅游地生命周期演化趋势一致。

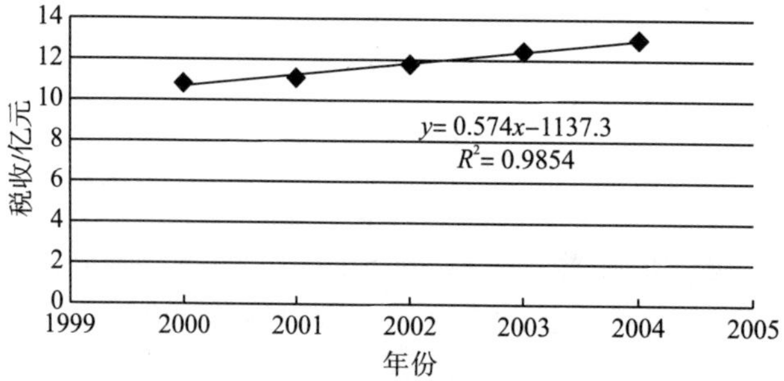

图 4.3 北京市 2000～2004 年旅游环境税税值变化趋势图

① 具体演算过程中，由于篇幅的限制不再具体说明，主要借助 Eviews7.2 软件进行曲线拟合和研究阶段划分。

从图 4.4 中可以发现，2004～2013 年旅游环境税税值的变化加速度、速度均为正值，整体可以用一条开口向上的抛物线表示，且 R^2=0.9919，图形拟合效果较好，与旅游地生命周期演化趋势一致。

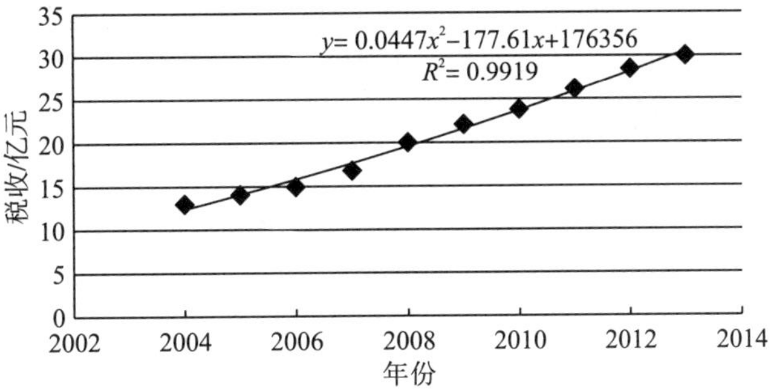

图 4.4　北京市 2004～2013 年旅游环境税税值变化趋势图

从图 4.5 中可以发现，2013～2016 年旅游环境税税值的变化加速度变为负值，速度仍为正值。在图中可以用一条开口向下的抛物线表示，且 R^2=0.9822，图形拟合效果较好，与旅游地生命周期演化趋势一致。因此得出，在该阶段旅游环境税税值符合发展的要求，与旅游地演化是对应的关系。

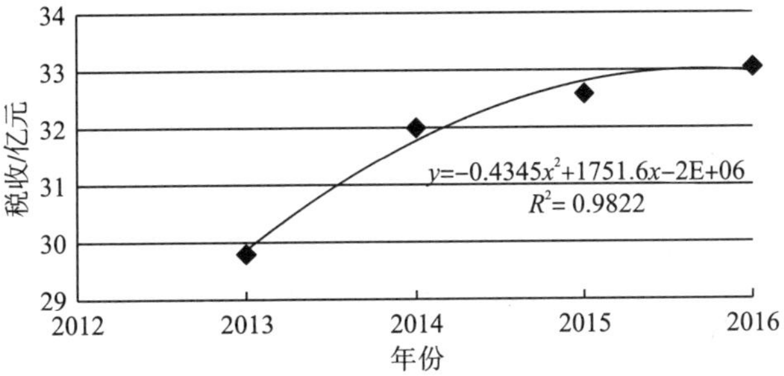

图 4.5　北京市 2013～2016 年旅游环境税税值变化趋势图

根据前述分析可知，北京市 2000～2016 年旅游环境税征收数额测量值在 2016 年达到阶段性最大值 33.045 亿元，$\varphi_m/2$ 为 16.5225 亿元。而北京市旅游地生命周期阶段性预测得出的最优时间节点为 2007 年。因此，可以将两者看作近似相等，推定两条曲线的交点为 2007 年这一点处。

通过对不同发展阶段旅游环境税预测值分段拟合发现，对于北京市而言，每一阶段旅游环境税的预测值均符合旅游地生命周期演化的要求。因此认为，本书对于旅游环境税的测定是合理的。

2. 安徽

2000～2005 年安徽省旅游业处于参与期，游客量变化加速度为 0，游客量变化速度为正值；2005～2010 年处于发展期，游客量增长的加速度和速度均为正值；2010～2014 年安徽省旅游业发展处于巩固期，游客量增长的加速度开始变为负值，而速度仍为正值(表 4.9)。

表 4.9 安徽省旅游生命周期演化阶段

	参与期	发展期	巩固期	最优时间($N_m/2$)
时间段	(2000,2005)	(2005,2010)	(2010,2014)	2011
变化加速度	0	+	–	
变化速度	+	+	+	

在对旅游地生命周期演化阶段进行预测之后，按照演化的不同阶段对旅游环境税进行分阶段拟合。

从图 4.6 中可以发现，2000～2005 年旅游环境税税值的变化加速度为 0，变化速度为正值，整体呈现出直线增加的趋势，反映在图中近似为一条上升的直线，且 R^2=0.9888，因此拟合效果较好。同时，与旅游地生命周期演化趋势一致，符合该阶段的发展要求。

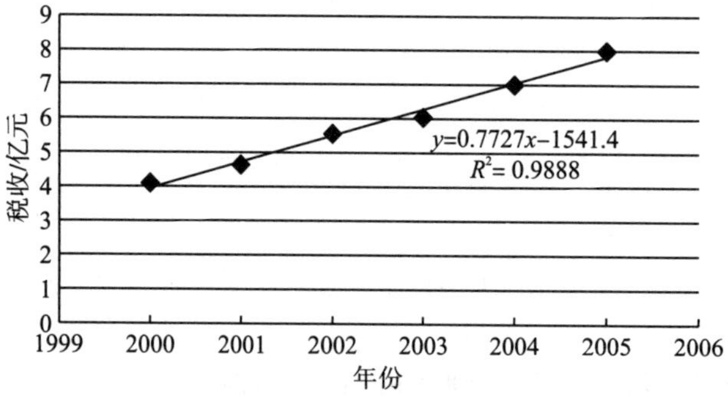

图 4.6 安徽省 2000～2005 年旅游环境税税值变化趋势图

从图 4.7 中可以发现，2005～2010 年旅游环境税税值的变化加速度、速度均为正值，整体可以用一条开口向上的抛物线表示，且 R^2=0.9939，图形拟合效果较好。与旅游地生命周期该阶段演化趋势一致，因此符合该阶段的发展要求。

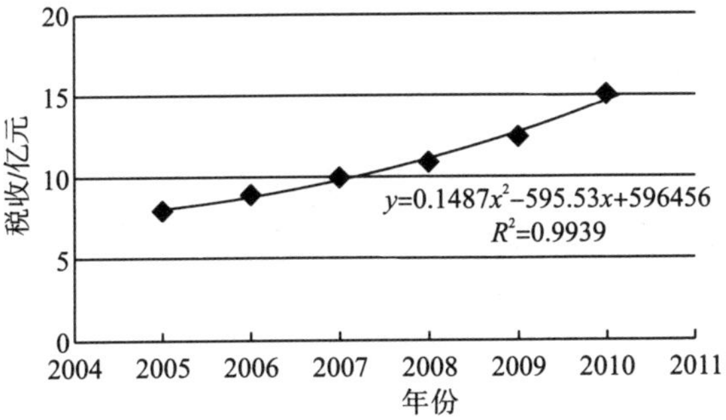

图 4.7 安徽省 2005～2011 年旅游环境税税值变化趋势图

从图 4.8 中可以发现，2010～2014 年旅游环境税税值的变化加速度变为负值，速度仍为正值。反映在图中可以用一条开口向下的抛物线表示，且 R^2=0.9818，图形拟合效果较好。旅游地在该阶段的演化与旅游环境税的变化情况一致。因此得出，在该阶段旅游环境税的测量值符合发展的要求，与旅游地演化是对应的关系。

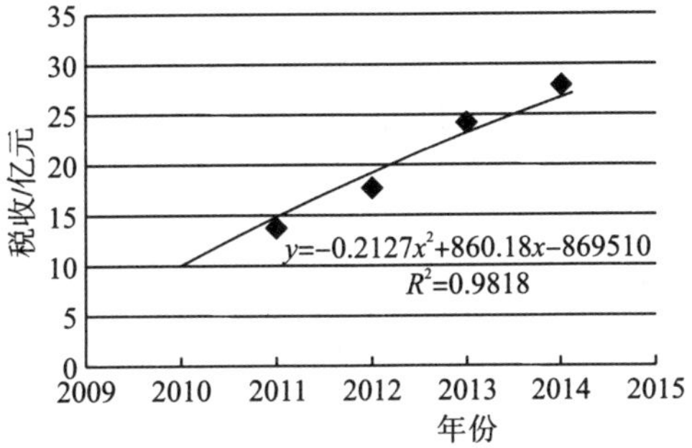

图 4.8 安徽省 2011～2016 年旅游环境税税值变化趋势图

此时，可以得出安徽省 2000～2014 年旅游环境税征收数额测量值在 2014 年达到阶段性最大值，具体数值为 32.045 亿元，$\varphi_m/2$ 为 16.0225 亿元，与安徽省历年旅游环境税预测相比，与 2011 年最为接近。而安徽省旅游地生命周期阶段性预测得出的最优时间节点为 2011 年。因此，可以将两者看作近似相等，推定两条曲线的交点在 2011 年这一点处。

通过对不同发展阶段旅游环境税预测值分段拟合发现，对于安徽省而言，每一阶段旅游环境税的预测值均符合旅游地生命周期演化的要求。因此认为，本书对于旅游环境税的测定是合理的。

3. 云南

2000～2003 年云南省旅游业处于参与期，游客量变化加速度为 0，游客量变化速度为正值；2003～2012 年处于发展期，游客量增长的加速度和速度均为正值；2012～2016 年云南省旅游业发展处于巩固期，游客量增长的加速度开始变为负值，而速度仍为正值(表 4.10)。

表 4.10 云南省旅游生命周期演化阶段

	参与期	发展期	巩固期	最优时间(N_m/2)
时间段	(2000,2003)	(2003,2012)	(2012,2016)	2011
变化加速度	0	+	–	
变化速度	+	+	+	

在对旅游地生命周期演化阶段进行预测之后，按照演化的不同阶段对旅游环境税进行分阶段拟合。

从图 4.9 中可以发现，2000～2003 年旅游环境税税值的变化加速度为 0，变化速度为正值，整体呈现出直线增加的趋势，反映在图中近似为一条上升的直线，且 R^2=0.986，因此拟合效果较好。同时，与旅游地生命周期演化趋势一致，符合该阶段的发展要求。

从图 4.10 中可以发现，2003～2012 年旅游环境税税值的变化加速度、速度均为正值，整体可以用一条开口向上的抛物线表示，且 R^2=0.9956，图形拟合效果较好。与旅游地生命周期该阶段演化趋势一致，因此，符合该阶段的发展要求。

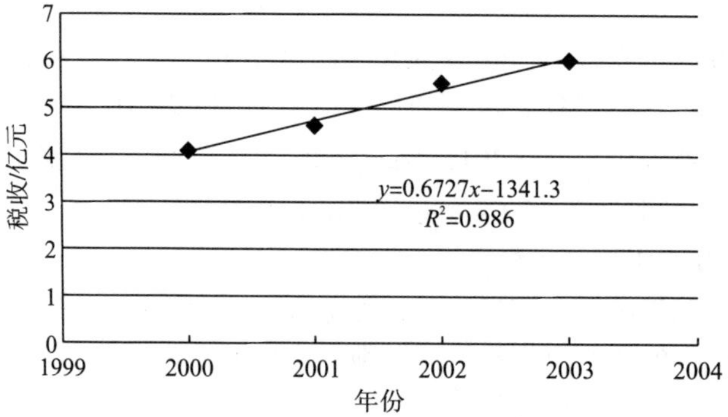

图 4.9 云南省 2000～2003 年旅游环境税税值变化趋势图

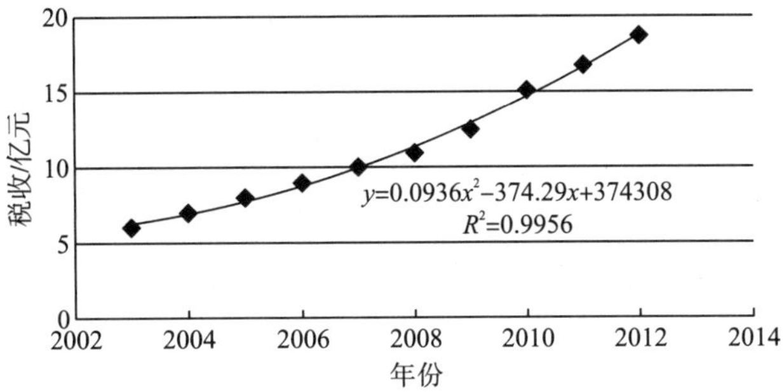

图 4.10　云南省 2003～2012 年旅游环境税税值变化趋势图

从图 4.11 中可以发现，2010～2016 年旅游环境税税值的变化加速度变为负值，速度仍为正值，反映在图中可以用一条开口向下的抛物线表示，且 R^2=0.9982，图形拟合效果较好。旅游地在该阶段的演化与旅游环境税的变化情况一致。因此得出，在该阶段旅游环境税的测量值符合发展的要求，与旅游地演化是对应的关系。

此时，可以得出云南省 2000～2016 年旅游环境税征收数额测量值在 2016 年达到阶段性最大值，具体数值为 25.045 亿元，$\varphi_m/2$ 为 12.5225 亿元。云南省 2010 年旅游环境税预测值为 10.09 亿元，2011 年预测值为 12.473 亿元，与 2011 年最为接近。而云南省旅游地生命周期阶段性预测得出的最优时间节点为 2011 年。因此，可以将两者看作近似相等，推定两条曲线的交点在 2011 年这一点处。

通过对不同发展阶段旅游环境税预测值分段拟合发现，对于云南省而言，每一阶段旅游环境税的预测值均符合旅游地生命周期演化的要求。因此认为，本书对于旅游环境税的测定是合理的。

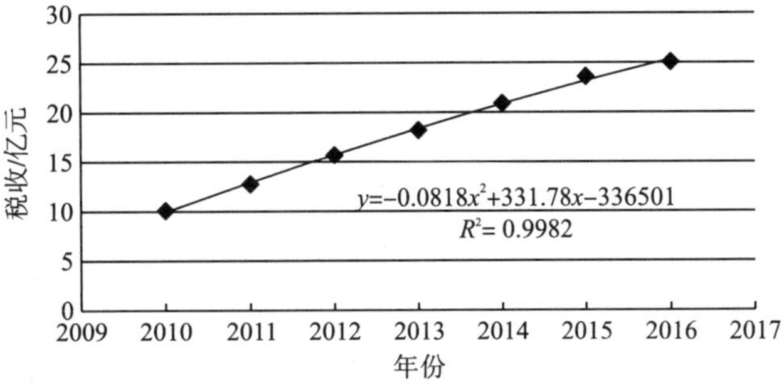

图 4.11　云南省 2012～2016 年旅游环境税税值变化趋势图

4. 贵州

2000～2005 年贵州省旅游业处于参与期，游客量变化加速度为 0，游客量变化速度为正值；2005～2011 年处于发展期，游客量增长的加速度和速度均为正值；2011～2015 年贵州省旅游业发展处于巩固期，游客量增长的加速度开始变为负值，而速度仍为正值（表 4.11）。

表 4.11 贵州省旅游生命周期演化阶段

	参与期	发展期	巩固期	最优时间 ($N_m/2$)
时间段	(2000,2005)	(2005,2011)	(2011,2015)	2011
变化加速度	0	+	–	
变化速度	+	+	+	

在对旅游地生命周期演化阶段进行预测之后，按照演化的不同阶段对旅游环境税进行分阶段拟合。

从图 4.12 中可以发现，2000～2005 年旅游环境税税值的变化加速度为 0，变化速度为正值，整体呈现出直线增加的趋势，反映在图中近似为一条上升的直线，且 R^2=0.8149，整体拟合效果较好，由于 2003 年受 SARS 影响，游客量有大幅度下降，考虑到这种情况会导致 R^2 受到一定程度的影响，因此总体来说拟合效果较好。同时，与旅游地生命周期演化趋势一致，符合该阶段的发展要求。

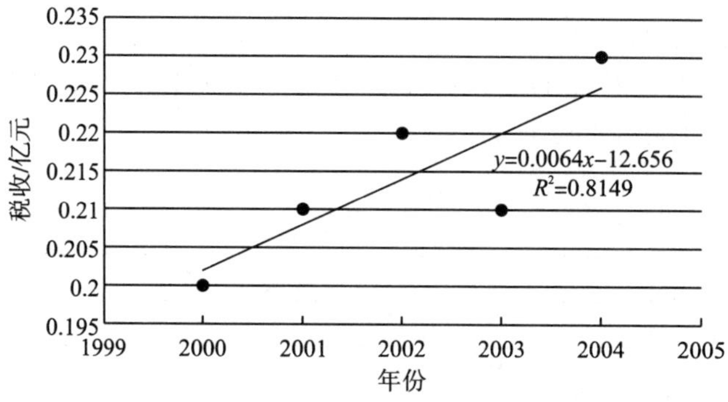

图 4.12 贵州省 2000～2005 年旅游环境税税值变化趋势图

从图 4.13 可以发现，2005～2011 年旅游环境税税值的变化加速度、速度均为正值，整体可以用一条开口向上的抛物线表示，且 R^2=0.9968，图形拟合效果较好。与旅游地生命周期该阶段演化趋势一致，因此，符合该阶段的发展要求。

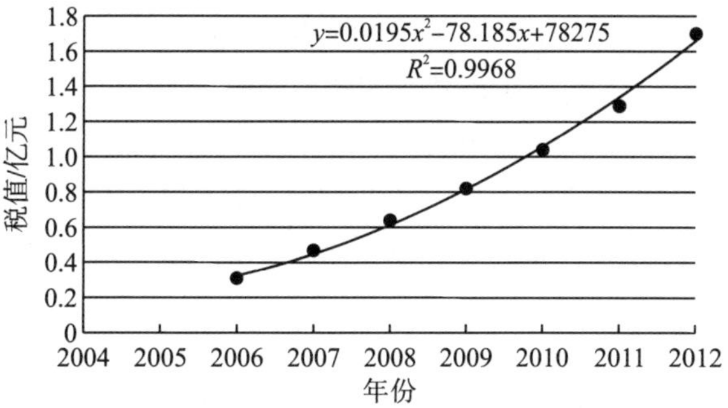

图 4.13　贵州省 2004～2011 年旅游环境税税值变化趋势图

从图 4.14 可以发现，2011～2015 年旅游环境税税值的变化加速度变为负值，速度仍为正值，反映在图中可以用一条开口向下的抛物线表示，且 R^2=0.996，图形拟合效果较好。旅游地在该阶段的演化与旅游环境税的变化情况一致。因此得出，在该阶段旅游环境税的测量值符合发展的要求，与旅游地演化是对应的关系。

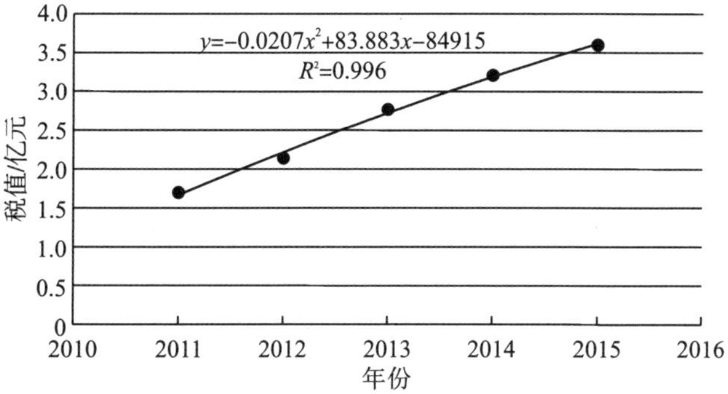

图 4.14　贵州省 2011～2015 年旅游环境税税值变化趋势图

此时，可以得出贵州省 2000～2015 年旅游环境税征收数额测量值在 2015 年达到阶段性最大值，具体数值为 11.4828 亿元，$\varphi_m/2$ 为 5.7414 亿元。贵州省 2012 年旅游环境税预测值为 5.7383 亿元，与 2011 年最为接近。而贵州省旅游地生命周期阶段性预测得出的最优时间节点为 2012 年。因此，可以将两者看作近似相等，推定两条曲线的交点在 2011 年这一点处。

通过对不同发展阶段旅游环境税预测值分段拟合发现，对于贵州省而言，每一阶段旅游环境税的预测值均符合旅游地生命周期演化的要求。因此认为，本书对于旅游环境税的测定是合理的。

通过对中、东、西部四个地区旅游环境税预测值进行分阶段拟合，发现拟合效果较好，且拟合趋势同旅游地生命周期演化趋势存在着对应的关系。因此，本书设定的旅游环境税动态阈值量测模型是有效的，且旅游环境税的变化随着旅游地的演化而发生变化，呈现出以下特征：①在参与期，旅游环境税呈线性增长；②在发展期，旅游环境税增长趋势近似开口向上的抛物线，增长加速度为正值；③在巩固期，旅游环境税增长趋势近似开口向下的抛物线，此时旅游环境税增长加速度为负值。

旅游地生命周期演化与旅游环境税存在耦合关系，将两者融合在一个坐标图中，由于演化方向不同，两者必定相交于一点，这一点通过验证确为两曲线的交点。

4.5.3 旅游环境税外部效应分析

旅游活动具有显著的外部效应，旅游生态环境污染问题多是由于旅游环境的外部性成本没有纳入旅游企业日常经营活动中，继而导致旅游资源过度开发，环境资源被破坏，因此旅游企业的这种行为表现为负外部性。本书认为通过征收旅游环境税可以将旅游环境的外部性成本纳入旅游企业日常经营过程中，从而在一定程度上调整旅游企业的经营行为，减少旅游资源的过度开发现象，进一步提高社会福利。

过去对于环境税或者旅游环境税的研究都将理论模型求解后的稳态旅游环境税数值作为最优环境税。而在现实旅游业的发展过程中，旅游地生态环境污染往往与旅游业发展演化不同阶段相生相随且存在一一对应关系，因此基于稳态下得出的最优旅游环境税税值并不一定适用于旅游业长期发展的要求。基于此，本书提出依据旅游环境税征收的强度将旅游环境税分为以下三种类型：无旅游环境税政策、严格的旅游环境税政策及基于动态阈值量测模型计算的动态旅游环境税政策，如图 4.15 所示。

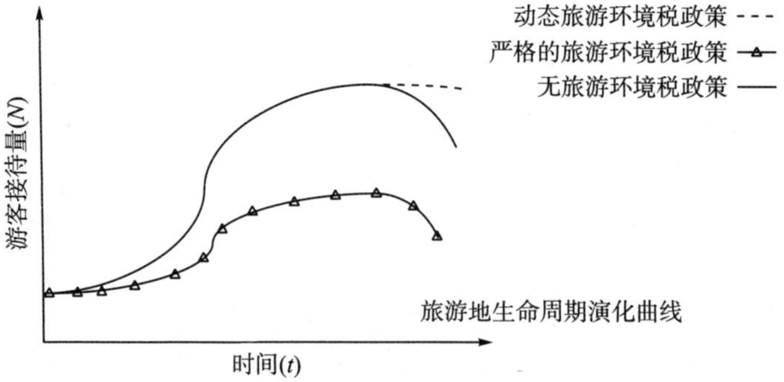

图 4.15 旅游环境税政策对旅游地发展的影响

第一种假设：在没有旅游环境税政策的调节下，旅游地生命周期演化趋势与自然条件下保持一致，呈“S”形曲线演化模式。

第二种假设：旅游业发展从初始阶段开始实行严格的旅游环境税政策，这可能会抑制当地旅游业的发展，使得旅游资源得不到充分利用，旅游业过早进入停滞期直至衰退。

第三种假设：旅游地采用动态旅游环境税政策，并实时对旅游地生态环境发展状态进行监测，根据旅游地游客量的变化合理征税，从而有效改善旅游地生态环境污染状况，使得旅游地生态环境尽可能保持在供需平衡状态。

本书认为只有与旅游地生命周期演化趋势一一对应的动态旅游环境税才是符合旅游地可持续发展要求的旅游环境税政策。在本节中，将以北京市为例，分别对环境税曲线进行模拟，讨论其对案例地的影响(图 4.16)。

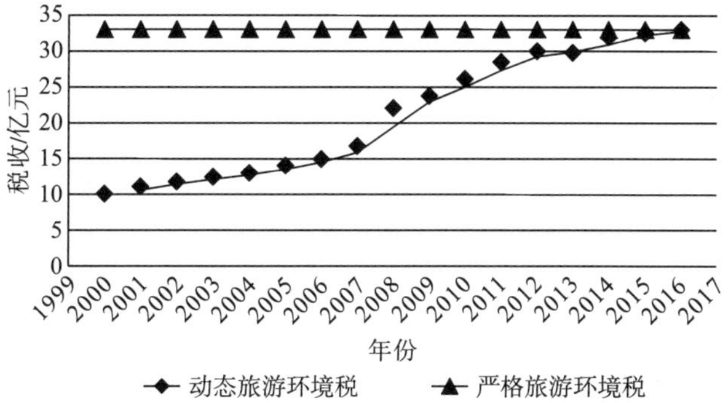

图 4.16　北京市 2000～2016 年旅游环境税税值变化情况

首先对三种旅游环境税政策下旅游企业的收益情况进行模拟，在不同税收政策下，旅游企业的收益情况呈现不同的变化趋势(图 4.17)。三种旅游环境税政策作用下，2000～2016 年，旅游企业收益都能够达到阶段性最大值。同时，在旅游地发展初始阶段，动态旅游环境税征收数额较小，并不会对旅游企业的收益产生较大影响，故而不会影响旅游企业发展的积极性。在整个生命周期演化阶段，与无环境税政策时旅游企业的收益相比，动态旅游环境税的征收在一定程度上减少了旅游企业的收益，但是这种减少的趋势并不十分明显。同时，征收旅游环境税可以增加政府层面的收益，改善旅游地生态环境。因此，从整体社会福利角度考虑，动态旅游环境税政策优于无旅游环境税政策。而在严格的旅游环境税政策的作用下，旅游企业的收益明显减少，同时通过分析可知，严格的旅游环境税会影响旅游企业的积极性，因此在整个生命周期发展中，旅游企业的收益要低于动态旅游环境税及无旅游环境税时的收益。

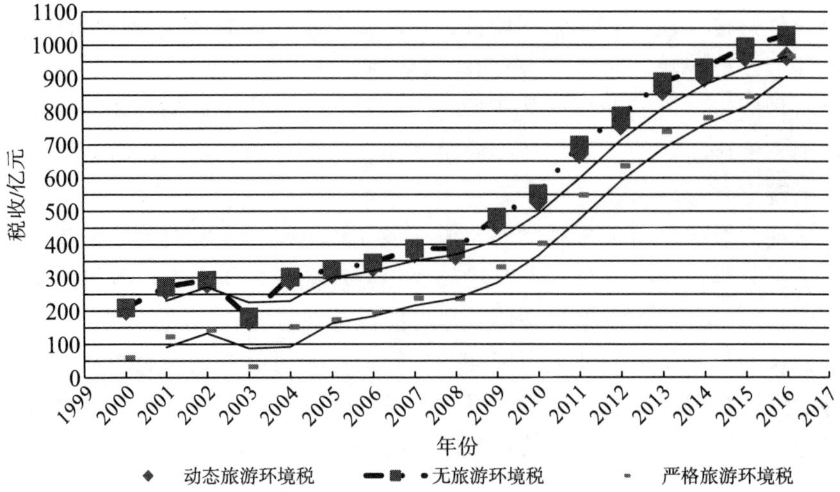

图 4.17　三种税收政策对旅游企业收益的影响趋势图

本书模拟三种旅游环境税政策下旅游地游客量的变化情况来分析旅游环境税对旅游地的影响。从图 4.18 可以看出，三种旅游环境税政策之下，在 2016 年旅游地游客量均可以达到阶段性最大，即保持阶段性的相对稳定。这与之前的研究与推论是一致的，即无论何种旅游环境税政策，只要最终旅游环境税数额一致，达到稳定状态的时间就是相同的。此外，图 4.18 中还发现严格环境税政策下旅游地游客量阶段性最大值是最低的，这表明征收严格的旅游环境税在某种程度上对

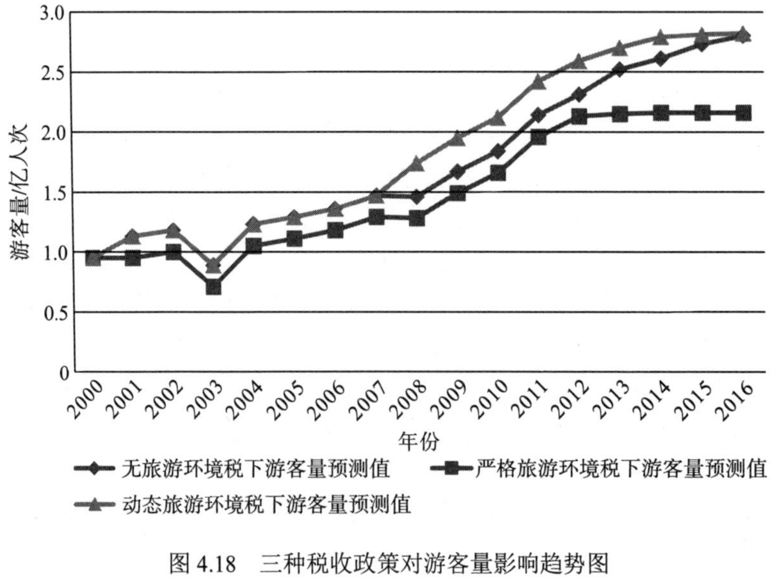

图 4.18　三种税收政策对游客量影响趋势图

旅游地产生抑制作用，使得游客量不能得到进一步的发展。而在没有旅游环境税的状态下，游客量达到阶段性最大值较晚。这表明，不征收旅游环境税时，旅游活动产生的负外部性导致了一定社会福利的损失。虽然无旅游环境税及动态的旅游环境税政策均可以实现在稳定状态时达到相同的社会福利水平，但是达到这种状态的时间却存在较大差异，动态旅游环境税政策使得旅游地可以较早达到阶段性最大水平。因此，与严格的旅游环境税及无旅游环境税政策相比，动态旅游环境税政策是最优的。

在严格的旅游环境税政策之下，旅游环境税对于旅游企业行为的矫正存在“矫枉过正”的现象。从经济学角度分析，严格的旅游环境税政策会在一定程度上改变旅游企业的行为，抑制其生产积极性，减少用于旅游业发展的投资。对于个体和家庭来说，在一定程度上会将更多的收入用于消费。而这样的较高水平的消费模式不具有可持续性，旅游投资乏力，而消费持续增长，会在一定程度上造成后期旅游业增长乏力，最终导致旅游地后期处于较低发展水平。如果不征收旅游环境税，旅游活动产生的负外部性则无法有效消除，资源过度利用、生态问题日趋严重，同样会造成不可持续发展。与上述两种政策不同，动态的旅游环境税政策可以平衡旅游发展同生态保护的关系，实现经济发展、政府收益及生态可持续发展的良性局面，因此本书认为动态旅游环境税政策是最优的。

第5章 我国旅游环境税制度构建建议与对策

5.1 旅游环境税征收模式聚类结果分析

本书将依据前文构建的旅游环境税动态阈值量测模型计算出的最优旅游环境税与旅游地生命周期演化不同阶段的旅游环境税进行比较分析，对旅游环境税征收模式进行划分，主要可以分为四种类型。①抑制型。该类型测算出的最优旅游环境税税值大于巩固期的旅游环境税税值，说明旅游地生命周期发展虽出现阶段性停滞，但是从长远看，该区域内旅游业发展仍处于起步阶段，若在这种情况下征收旅游环境税，将会抑制旅游业发展，对旅游经济的发展产生不利影响。②警示型。该类型测算出的最优旅游环境税税值介于巩固期与发展期的旅游环境税税值之间，此时旅游地处于生命周期初步发展阶段，旅游生态环境污染情况初现苗头。此时，环境税的征收只是为了对污染行为进行警示，避免进一步污染行为的出现。③调整型。该类型测算出的旅游环境税税值介于阶段性起步阶段与发展阶段的旅游环境税税值之间。旅游地在该发展阶段出现较大的旅游生态环境污染问题，旅游生态环境有继续恶化的趋势，如若不采取调控手段进行干预，旅游生态系统将出现不可逆的严峻状况。因此，在这一阶段，旅游环境税征收数值将会随着旅游地生命周期的演化发展而增长，目的是为了预防、调控、约束旅游业相关参与主体的旅游环境破坏行为。④惩罚型。此时测算出的最优旅游环境税数值小于阶段性起步阶段的旅游环境税预测值。在这一阶段，旅游业的发展处在较高的水平，旅游地生态环境污染状况较为严峻，此时征收旅游环境税的目的是对严重污染旅游地生态环境的行为进行惩罚，若惩罚对象不及时改正将被迫退出市场，以此达到改善生态环境的目的。

本书通过对31个省(区、市)的最优旅游环境税及旅游地生命周期演化不同阶段的旅游环境税进行预测、比较，对其进行分类(表5.1)。

表5.1 旅游环境税征收模式聚类分析

类型	数量/个	地区
Ⅰ抑制型	6	西藏、甘肃、青海、宁夏、新疆、吉林

续表

类型	数量/个	地区
Ⅱ警示型	22	天津、山东、河南、安徽、江西、山西、湖北、湖南、重庆、海南、河北、黑龙江、内蒙古、陕西、贵州、云南、广西、辽宁、江苏、浙江、上海、福建
Ⅲ调整型	3	北京、广东、四川
Ⅳ惩罚型	0	无

根据表 5.1 以及前文对旅游环境税最优值及不同生命周期节点处旅游环境税征收的预测可得出四点结论。

(1) Ⅰ抑制型的地区包含 6 个地区，占 19.35%。以西藏为例，西藏最优环境税征收值为 2.6763 亿元，2018 年达到最优旅游环境税的征收时间节点。同时，在分阶段对旅游环境税数值进行预测时，可以发现西藏地区巩固期旅游环境税预测值为 0.9738 亿元，小于最优环境税征收值，此时若以旅游环境税的最优值作为征收值，将会抑制该区域旅游业的发展，对旅游经济造成不利影响，对旅游地生命周期演化产生一定抑制作用，使得该区域内旅游资源不能够得到充分利用。属于该模式类型的还包括：甘肃、青海、宁夏、新疆及吉林。

以西藏为例，在不同的环境税征收模式下，旅游地生命周期演化模拟结果如图 5.1 所示。

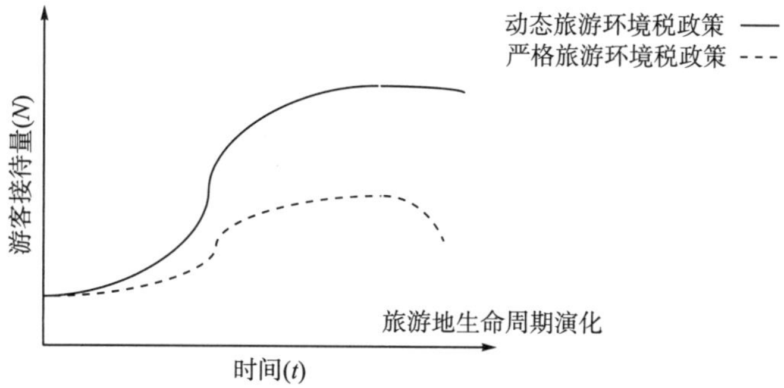

图 5.1　西藏旅游环境税征收模式模拟

在最优旅游环境税征收数值和严格旅游环境税政策下，旅游地生命周期依然呈现出“S”形的演化路径，但是由于严格旅游环境税政策对旅游业发展产生抑制作用，因此旅游地不可能演化到最优阶段；而在动态旅游环境税收政策之下，由于动态的调节作用，旅游地发展可以尽可能维持在较高水平，并在旅游地进入停滞期后仍可以在很长时间内维持较高水平，而不至于快速衰落。

(2) Ⅱ警示型的地区占大多数，主要包含 22 个地区，占 70.97%。以天津市为例进行进一步分析，其旅游环境税征收的最优值为 21.2509 亿元。此时旅游地生命周期的演化将经历起步阶段、发展阶段直至最优阶段。在起步阶段和发展阶段，可以依据旅游地生命周期的演化阶段进行动态征税，当演化至最优阶段，则需要用最优旅游环境税数值进行调整，如此便可以使得旅游地尽可能长时间地维持在最优状态，增加旅游收入。同样，如果在演化的初始阶段施加最优旅游环境税进行调整，最后导致的结果可能是该区域旅游地生命周期将不会演化至最优阶段。属于该模式类型的还包括山东、河南、安徽、江西、山西、湖北、湖南、重庆、海南、河北、黑龙江、内蒙古、陕西、贵州、云南、广西、辽宁、江苏、浙江、上海及福建。

根据图 5.2，以天津市为例做进一步分析。在初始阶段演化至发展阶段再到最优阶段的过程中，旅游地开始出现生态环境污染行为，旅游地生态环境问题开始显现，但是这样的状况还不足以影响旅游业的发展。因此，该阶段的税收政策多数起到的是警示作用，通过动态的税收对不同演化阶段的旅游业发展进行调整，目的是尽可能延长最优状态的时间、实现旅游经济的进一步增长。在该模式下，如果征收严格的旅游环境税，那么在 $t<t_m$ 的时间段内，旅游业发展还是会被过于严苛的税收政策所抑制。

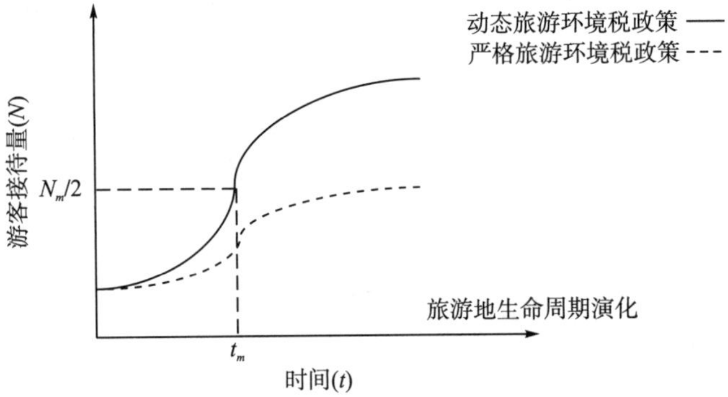

图 5.2 天津市旅游环境税征收模式模拟

(3) Ⅲ调整型的地区较少，主要包含 3 个地区，占 9.68%。以北京市为例进行进一步分析，通过数学模型推算北京市旅游环境税征收的最优值为 28.1033 亿元。该值介于北京市参与期、发展期和巩固期的旅游环境税阶段性预测值之间。此时旅游地生命周期的演化将经历起步阶段、发展阶段到最优阶段直至巩固、停滞阶段。在起步和发展阶段可以依据旅游地生命周期的演化阶段进行动态征税，当演化至最优阶段，则需要用最优旅游环境税数值进行调整，如此便可以使得旅游地尽可能长时间地维持在最优状态，增加旅游收入，当旅游地演化至巩固阶段，此时若再以最优旅游环境税进行调整，那么对旅游地生态环境污染情况的调整可能缺乏效率，因此需要依据旅游地生命周期演化的情况增加旅游环境税数值，此时税收作用多为对污染行为进行一定的调整。同样，如果在演化的初始阶段开征最优旅游环境税进行调整，最后导致的结果可能是该区域旅游地生命周期将不会演化至最优阶段。属于该模式类型的还包括广东和四川。

依据图 5.3 做进一步分析，t_m 为最优旅游环境税征收时间节点。当 $t<t_m$ 时，此时征收严格旅游环境税的结果是抑制旅游业发展，很大程度上使得旅游地生命周期不会演化至最优阶段，旅游资源不能得到充分利用；当 $t>t_m$ 时，在该时间段内征收严格旅游环境税的结果是，最优旅游环境税已经不能够对旅游地污染状况进行调整，由于旅游活动负面效应的不断积累，如图中虚线②所示，旅游地可能迅速走向衰落。因此，在旅游地征收动态旅游环境税的优势在于，可以在旅游地演化的不同阶段提出更有针对性的税收政策，进一步提升税收调控作用的效率。

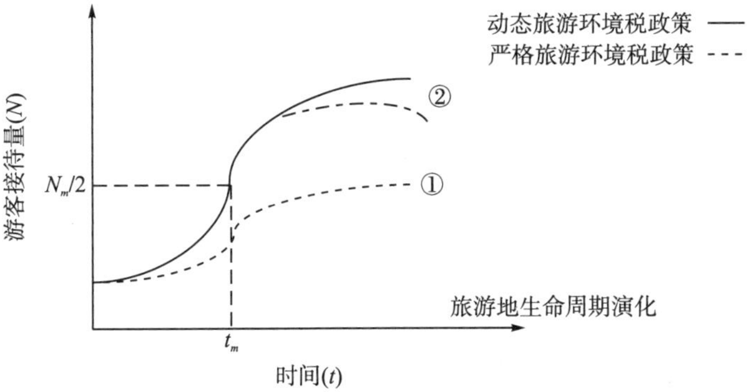

图 5.3　北京市旅游环境税征收模式模拟

(4) 对于Ⅳ惩罚型的地区，本书通过计算发现，2000～2016 年并无该类型的地区，因此不做进一步说明。

5.2　旅游环境税征收预警模型

旅游环境税作为一种政府经济手段，可以对旅游地生态环境状况进行有效调节，从而在一定程度上影响旅游地生命周期的演化进程。本书拟通过预警理论与方法，在全面把握旅游地生命周期及动态旅游环境税变化规律的基础之上，从动态、系统的视角，增加时间维度构建旅游环境税征收预警模型。通过预警模型的建立，对旅游地当前和未来的生态环境发展状况进行诊断和预测，对生态环境发展恶化的节点进行预报，从而使旅游环境税政策可以在生态环境发展恶化时及时进行战略、管理等方面的调整，维持旅游地可持续发展状态。

5.2.1 旅游环境税征收预警模型建立标准

旅游环境税征收预警模型的建立是为了对旅游业发展产生的生态后果、生态环境质量等进行预测和评价。由于旅游业快速发展对旅游地的生态环境造成多重影响，为了更好地量化评价指标，需要在构建预警模型之前建立旅游地演化标准。前文中探讨的旅游环境税合理阈值作为一个理想标准存在，在旅游环境税预警模型构建过程中可以将其作为评价指标的最高标准，随后结合旅游地生命周期演化指标制定预警标准(表 5.2)。以分级指标作为旅游环境税征收的警戒线，将旅游生态环境演化现状、未来的变化同理想状态相比较，即可看出现有旅游生态环境发展状况与由于施加旅游环境税政策而受到人为干扰后的旅游地生态环境的对比，从而明确旅游环境税在改善旅游地生态环境中的作用，以及最佳的旅游环境税征收节点。

表 5.2 旅游地生态环境预警系统指标分级值

	理想	良好	一般	较差	恶化
区间值	[10,8)	[8,6)	[6,4)	[4,2)	[2,0)
代表值	9	7	5	3	1

本书构建的旅游环境税征收预警模型是以改善旅游地生态环境、减少污染行为为主要目标，从时间与空间尺度对旅游地生态环境发展状况进行科学预测，并从行、游、购、食、住、娱等六个方面评价旅游业发展，综合评价旅游地生态环境发展状况(图 5.4)。

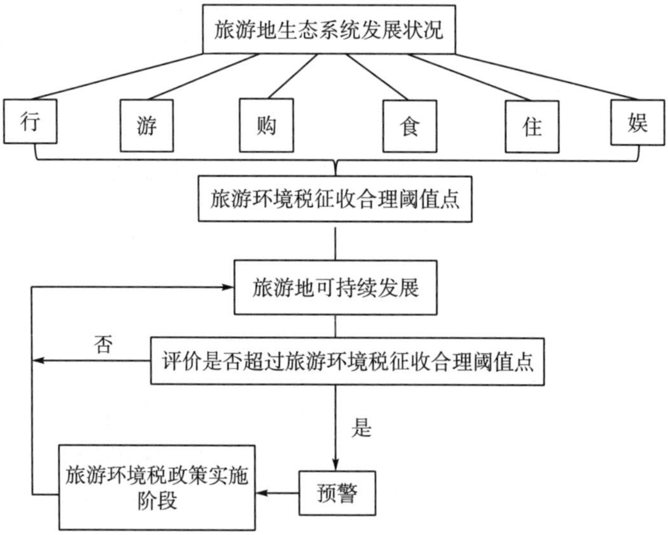

图 5.4 旅游环境税与旅游地生态环境预警系统原理图

5.2.2 旅游环境税预警模型数学模式

以往对旅游环境税的研究多集中于某个静态的时间节点，而本书中所提及的旅游环境税是随着旅游地生态环境、污染情况的变化而不断变化的。因此单独依据旅游地生态环境发展状况而建立的预警模型并不能很好地进行预警，那么如果本书引入时间和生态环境状况两个因素，从这两个维度建立预警模型，则更加便利和生动。本书在研究生命周期和旅游环境税耦合关系时以游客量为计量指标。因此，在预警模型建立时本书仍将利用游客量的变化进行研究，对于游客量变化速度，其表达式为

$$V' = \frac{\Delta X}{\Delta t} \tag{5.1}$$

式中，ΔX 为游客变化量；Δt 为时间变化量；V' 是指平均游客量随着时间变化的速度，具体如图 5.5 所示。

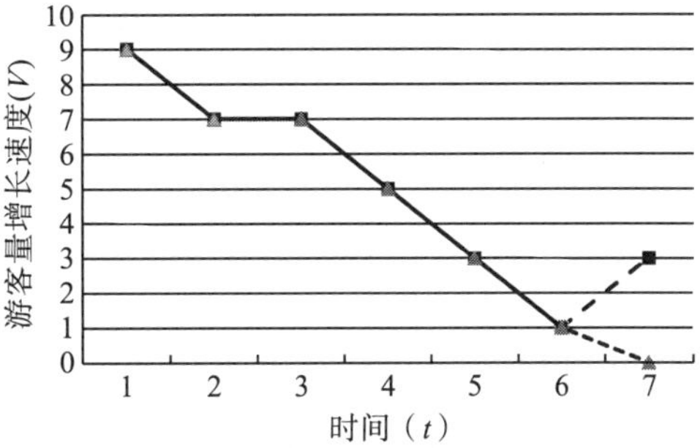

图 5.5 旅游地游客增长速度与时间关系

图 5.5 表示游客增长速度随着时间变化的趋势。横坐标为时间 t，纵坐标代表旅游地游客增长速度。在第一阶段，旅游地生态环境处于较为理想的状态；第二阶段，游客量变化开始逐渐减小，表明旅游生态环境有变差的趋势；第三阶段，游客量变化仍然保持在数值 7 的水平，此时生态环境水平虽然有所下降，但仍然保持良好的状态，此后生态环境状态逐年呈直线下降趋势，在图 5.5 中表现为游客量增长速度逐渐减缓；直到第四阶段游客量增长速度变化为 5，此时旅游地生态环境已经处于较差的状态，因此在该时刻应给予预警，发出警报；在第六阶段如果不能采取有效的环境调控手段，生态环境将继续恶化，最终导致不可逆转的严重后果，如图 5.5 中下降虚线所示。因此，本书提出应该在第六阶段采取旅游环境税政策，即确定旅游环境税征收预警点，在该点处旅游地生态环境发生变化，需要及时调整旅游环境税政策，目的在于通过合理的旅游环境税政策，改善旅游

地生态环境水平，使得旅游业生态环境承载力数值增加，反映在图中为上升虚线所示。

图 5.5 仅仅展示了游客量变化与时间的变化关系，其变化加速度是快还是慢并没有涉及，如果可以通过研究检测出旅游地游客量加速度变化的情况，则对旅游环境税预警模型的建立更有意义。基于此，对游客变化加速度进行进一步分析：

$$a = \frac{\Delta V}{\Delta t} \tag{5.2}$$

式中，a表示旅游地游客量变化的加速度，通过对加速度的计算可以更清楚地预测旅游地游客量随时间的变化情况，根据加速度变化情况建立更加精确的旅游环境税征收预警模型。

由图 5.6 可以看出，第 1 年至第 2 年游客量变化速度为−2，此时加速度为 0；第 2 年至第 3 年游客量变化速度没有发生改变，因此在这期间变化速度为 0；第 3 年至第 6 年，游客量变化以相同的速度恶化，但此时加速度为 0，说明生态环境发生恶化但是并不存在加速恶化的趋势。如图中所示，第 2 年至第 3 年出现游客量的加速变化，这样的变化趋势都为旅游环境税预警模型提供了重要依据。在此期间，需要对旅游地生态环境的变化足够重视，及时调整旅游环境税政策，防止旅游地生态环境进一步恶化。

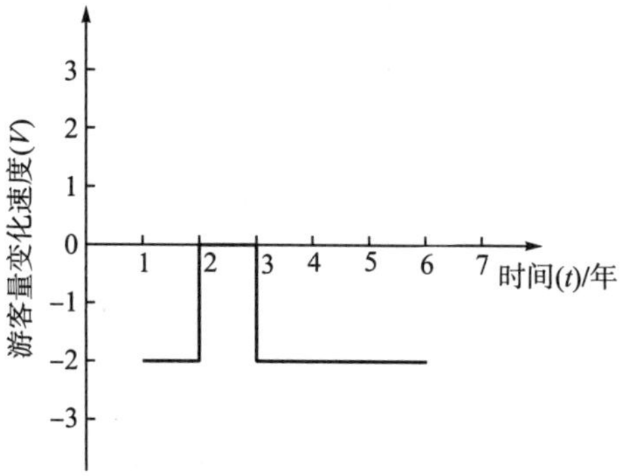

图 5.6 旅游地游客量变化速度同时间关系

5.3 旅游环境税政策下各相关利益主体动态博弈关系分析

旅游环境税的调整是一个动态的管理过程，相对于传统的旅游生态环境政策而言，其具有一定的预测性、前瞻性及动态性。旅游地生命周期发展、演化阶段的可持续性为政策调整的目标，通过预警系统可以不断对自身进行适应性调整，使旅游环境税政策更符合旅游地生命周期演化的要求。从长远来看，政府、旅游企业及旅游地居民各博弈主体之间的关系在路径依赖的作用下往往呈现出对初始状态的惯性选择，其主要表现为伴随旅游地生命周期演化的不同阶段旅游环境税政策、不同利益的矛盾与冲突的凸显与释放、利益关系表达与均衡机制的完善。各博弈主体间遵循旅游地生命周期演化发展规律大致经历：各主体间独立发展阶段、观望阶段、摩擦阶段、磨合阶段及和谐发展(难以调和)阶段。而旅游环境税的功能主要经历：集约型调整模式、干预型调整模式及适度型调整模式(图 5.7)。

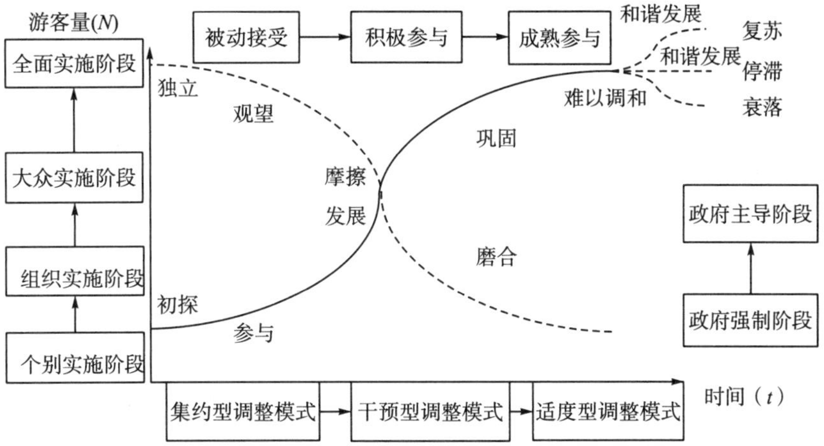

图 5.7　旅游环境税制度下旅游地博弈主体适应性管理概念模型

5.3.1　旅游环境税政策下各利益主体博弈关系分析

旅游环境税实施的目的是实现旅游发展的可持续性，因此构建旅游地各利益相关者的均衡机制是最终关键所在。本书尝试以旅游地主要的利益相关者为切入点，构建关于“政府-旅游企业-旅游地居民”动态演化博弈模型，通过讨论和分析利益主体间的相互关系，最终实现博弈主体利益共赢的结果及旅游地可持续发展局面，同时为制定更加合理的旅游环境税政策提供借鉴(图 5.8)。

旅游环境税政策的实施主体是政府部门;政策对象主要是旅游企业及旅游者，在反复科学研究及论证的基础上，政府出台旅游环境税政策。旅游环境税出台之后首先作用于旅游企业或者旅游者，之后旅游企业与旅游消费者依据自身偏好同政府进行博弈，双方博弈均衡之后，三方会形成一个最优的旅游环境税政策。在最优环境税政策的指引下，旅游企业加大环境保护投入，旅游者逐渐改善自身旅游行为，最终将形成一个旅游业良性发展的模式。因此，旅游环境税政策制定、实施的过程也是一个利益相关者相互博弈的过程，在此期间旅游环境税政策效应由微观层面逐渐向宏观层面传递，同时各博弈主体中的政府部门、旅游业相关经营者及旅游地居民代表着不同的利益集团，因此在相互博弈过程中的行为方式及利益诉求也有所不同，如表 5.3 所示。

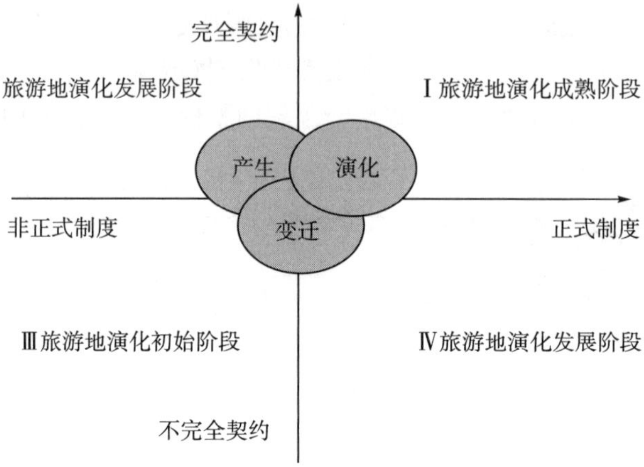

图 5.8 旅游环境税制度下旅游地博弈主体关系演化趋势图

表 5.3 旅游环境税政策下目的地博弈主体利益所在与行为方式

	政府部门	旅游业相关经营者	旅游地居民
利益所在	强调政绩，力求推动当地旅游业可持续发展，通过旅游环境税政策实施增加部分财政收入	主要追求经济效益，强调自身在市场环境中所获得的利润	在追求获取自身经济效益的同时，兼顾环境效益、社会效益及文化保护等
行为方式	旅游环境税的有效利用，协调旅游地各利益主体在旅游环境税政策之下的博弈关系；在立法与政策制定层面推进旅游环境税制度的实施与税收的有效利用	主要以获取自身最大经济效益为行为导向	多追求经济、社会及环境等方面的综合效益，在博弈主体关系中往往处于弱势地位，影响力有限，当超过自身容忍限度时会出现一定的过激行为

5.3.2 博弈均衡状态下旅游环境税的实施流程

1. 实施目标体系构建

构建和细化旅游环境税实施目标体系的关键，同样也是一个逐步将“旅游环境税适应性实施模型”从纯理论的概念性内容转化为方法体系的必然途径，是政府政策方针逐步实施的过程。现阶段，根据文献研究总结得出旅游环境税实施的最终目标是实现旅游业可持续发展。因此，在实施目标体系构建时往往将旅游可持续发展作为“顶层”总目标，随后将总目标逐级一一细分，转化为各层次的分目标，一直持续至最终所确定的期望状态(desired future condition，DFC)。但是，由于旅游可持续发展是一个较为宽泛的目标，在现实中并不具有可操作性；每一层次的分目标是对总目标的细化、分解过程，从而使得旅游可持续发展的总目标的含义更加明确清晰；而最终确定的期望状态则是旅游环境税实施目标体系中最低层次的分目标，通常由一些定性、定量或者可描述的变量构成，是与旅游环境税政策有关的直接数据。通过对期望状态的测定，将整个系统状态评估定量化，逐步实现对总目标的衡量，从而使得整个旅游环境税实施过程具有可操作性。

上述分析是对旅游可持续发展现状进行的初步评价，主要的思路是建立一套静态的评价指标体系，依据评价指标体系使用正确的评价方法，以此评价旅游可持续发展水平及旅游环境税政策是否具有可持续性。这样的评价手段是一种以静态、正面、直面问题为主要特征的研究方法，主要能够反映旅游环境税政策在旅游地生命周期发展的某一特定阶段的情况。然而，由于旅游地生命周期演化规律及各博弈主体具有动态、多样性的特点，旅游环境税政策并非一成不变和只具有一个固定模式，它在旅游地生命周期的不同阶段必将呈现出不同的实时目标体系。因此，在这样一个动态的过程中，仅仅从正面视角审视其演化规律是不全面的，还需要引入旅游环境税实施模式动态监测体系。

2. 旅游环境税实施目标动态监测体系构建

为了对旅游环境税实施效果进行追踪和评价，最有效的信息反馈手段就是对旅游目的地进行实时动态监测，以此来预测和分析旅游目的地环境税实施的效果，以便随时依据目的地实际状况对旅游环境税进行修正。然而，旅游地各博弈主体之间相互关系较为复杂，同时具有一定的动态变化特征。基于此，尝试较全面、完整地采集相关有效信息在实际操作以及研究成本上来说较为不可取。但是要依据旅游状况适时地对旅游环境税政策进行调整，又必须要求能够对旅游地演化状况进行较为连续的、较为全面的监测与评价，并将研究与监测结果及时向政府旅游环境税收主管部门进行反馈，才能够使旅游环境税政策可以适应复杂多变的旅游地演化过程以及博弈主体之间复杂的关系(图 5.9)。

基于上述分析，同时借鉴 5.2 节关于旅游环境税征收预警模型的理论与方法，在系统把握旅游地生命周期演化规律的基础之上，本书从正面和反面，即旅游环境税实施目标体系的构建及旅游环境税实施目标的跟踪预警，通过动态和静态的视角研究旅游环境税实施效果，即旅游环境税实施后各利益主体之间的博弈关系。在增加时间维度的基础上构建旅游环境税征收预警模型，通过对旅游地生命周期当前与未来的演化状况进行诊断和预报，针对不可持续的发展状况发出警报，并实时动态调整旅游环境税实施措施和实施力度，力求使旅游环境税调整力度同旅游地生命周期演化阶段相匹配，从而实现旅游可持续发展。

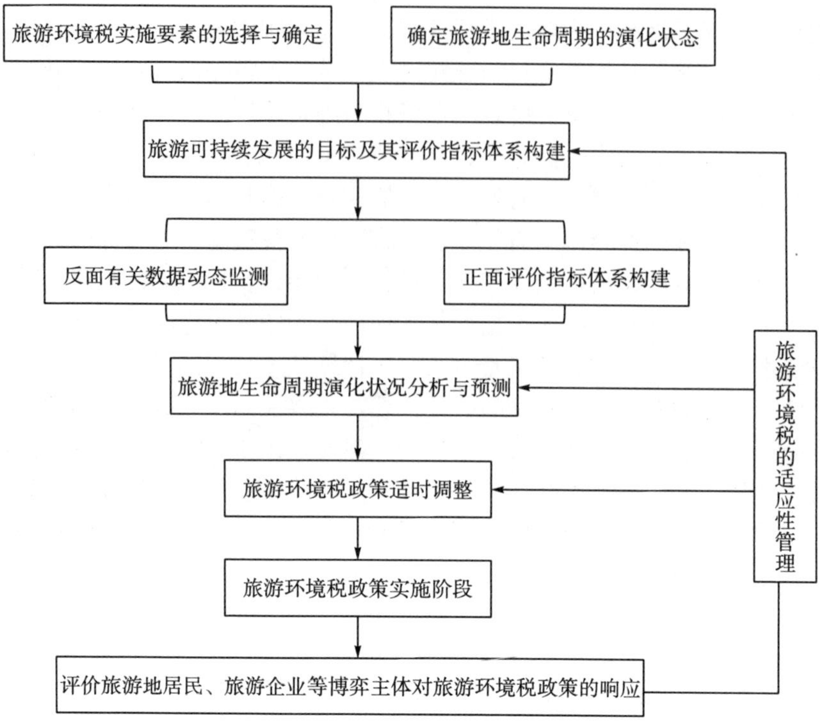

图 5.9　博弈均衡状态下旅游环境税实施流程

5.4　我国现有税收体制下旅游环境税实施建议和对策

旅游环境税作为解决日益突出的旅游地生态环境问题的一种选择，通过上述相关利益主体间的博弈关系分析可知，它可以在政府、游客及旅游企业之间找到一个新的均衡点，从而在一定程度上对污染治理的责任进行重新分配，对污染行为具有一定的调控作用。过去在解决旅游生态环境问题时，往往是在政府层面通过财政分配获得治理污染的专项资金，这种方式的缺点是通过旅游环境获得利益的主体并未对其自身的污染行为付出代价。旅游环境税政策的实施遵循“谁受益谁补偿”的原则，因此从理论上避免了不公平的现象。作为未来的发展趋势，旅游环境税是合法性与合理性兼顾的。我国环境保护税法的正式实施，也为旅游环境税的实施与制定提供了法律、政策方面的指导。

5.4.1　纳税主体的选择

在旅游活动中，旅游企业借助旅游资源吸引游客获得利润，而游客又通过参与旅游获得身心愉悦，但是旅游活动往往会给旅游地带来生态环境压力。2015 年 1 月 1 日起施行的新环境保护法规定，排污费的缴纳主体为排放污染物的企业事业单位和其他生产经营者。因此，依据“谁受益谁补偿”的原则，在征收旅游环境税时，其缴纳主体应该是产生污染行为的相关旅游企业、单位及个人。但是考虑到便利性原则，若单独向旅游者征收将会使征税工作变得十分繁杂，缺乏效率。因此，面向个人征收的旅游环境税可以包含在交通票据中，类似菲律宾征收的“旅游交通税收”，或者像西班牙的巴利阿里群岛一样，在住宿的时候将旅游环境税涵盖其中，又或者以景区门票的形式进行征收。

5.4.2　旅游环境税征收与管理

1. 征税主体的选择

我国现有的税收体制存在地方事权过多、税权过少的问题，因此在征收旅游环境税时也需要考虑对税权和事权的划分。在进行权利划分时通常需要考虑征收旅游环境税的效率，以及税收的使用问题。旅游环境税征收的目的在于增加政府收入来改善旅游生态环境污染等问题。本书更加倾向于由当地政府作为征税主体，中央政府给予宏观性的政策指导。因为，首先，将征收旅游环境税的事权交给当地政府可以提高征税效率，这一点毋庸置疑；其次，如果中央政府享有税权，在地方治理旅游生态环境污染时还需将资金转移至地方政府，这将对污染治理的效率产生一定的影响。基于此，本书认为征税主体为地方政府较为合理。

2. 旅游环境税的使用与监管

征收旅游环境税的初衷是为了对污染行为进行调控，从而改善旅游地生态环境，同时还可以为保护旅游地生态环境提供一定资金。倘若征收的旅游环境税不能做到专款专用，那么这样的旅游环境税收政策也是无效的。因此，本书认为可以由地方税务机关负责专门管理，税收的征用与使用需公开于政府信息网站上，便于人民群众实时查看，同时也起到一定的监督作用。

除此之外，政府部门还可以设立“旅游环境税”专项基金用于当地旅游业生态环境的改善与保护。但是，旅游生态环境保护任重而道远，征收的旅游环境税可能难以满足当地需要，征收过多的旅游环境税可能会抑制经济的发展，因此在税收不足时政府还需要通过财政拨款投入额外的建设基金以弥补环境税收的不足，此时旅游环境税的作用多为缓解地方政府治理旅游生态环境的资金压力。

5.4.3 旅游环境税的分配

本章已对 31 个省(区、市)的旅游环境税数额进行测算，在每个征收节点处需要征收一定数量的旅游环境税是各地区的整体情况，具体到各个地区、各个景点及相关旅游企业，旅游环境税应该如何分配？按照国家法律规定，可以采取“企业申报、税务征收、环保协同、信息共享”的征收模式。纳税人向税务机关申报纳税，按照旅游收入的不同，按比例缴税。此时纳税人对申报的真实性和合法性承担责任，倘若税务机关发现有申报数据明显不实、逃避纳税等行为的，可提请有关部门对该纳税人进行重新审核。

参考文献

阿弗里德·马歇尔, 2017. 经济学原理[M]. 北京: 华夏出版社.

艾凉琼, 2004. 从系统论看可持续发展理论[J]. 系统辩证学学报, 12(4): 50-52.

敖荣军, 韦燕生, 1999. 中国可持续旅游的资源环境政策思考[J]. 旅游学刊, 14(5): 58-61, 77.

保继刚, 1994. 广东小坑国家森林公园旅游开发可行性研究[J]. 地理学与国土研究, 10(2): 51-55.

保罗·萨缪尔森, 威廉·诺德豪斯, 1999. 经济学[M]. 萧琛, 等译. 北京: 华夏出版社.

鲍尼费斯, 库珀, 2009. 世界旅游目的地经营管理案例: 以旅游地理学视角分析[M]. 孙小珂, 等译. 沈阳: 辽宁科学技术出版社.

L·贝塔兰菲, 1987. 一般系统论: 基础·发展·应用[M]. 秋同, 袁嘉兴译. 北京: 社会科学文献出版社.

庇古, 2007.福利经济学[M]. 金镝译. 北京: 华夏出版社.

曹静, 2009. 走低碳发展之路: 中国碳税政策的设计及CGE模型分析[J]. 金融研究, (12): 19-29.

常纪文, 2018. 坚决打好污染防治攻坚战 推动生态文明建设迈上新台阶[N]. 人民日报: 1[2018-05-20].

陈豹, 程会强, 张良悦, 2013. 中国环境税改革路径选择: 基于环境税双重红利的视角[J]. 税务与经济,(5): 84-89.

陈文豪, 陈治平, 沈能祥, 2005. 牯牛降生态旅游环境容量分析[J]. 现代农业科技, 34(8): 1-2.

陈少英, 2009. 生态旅游视角下生态税收的法律思考[J]. 旅游论坛, 2(6): 807-811.

陈诗一, 2011. 边际减排成本与中国环境税改革[J]. 中国社会科学, (5): 85-100.

从选功, 张毅文, 1995. 环境税——规制公害的新举措[J]. 环境科学动态, (2): 12-14.

丛中笑, 2006. 环境税论略[J]. 当代法学, (6): 47-52.

崔凤军, 1995. 论旅游环境承载力[J]. 经济地理, 15(1): 105-109.

崔凤军, 刘家明, 李巧玲, 1998. 旅游承载力指数及其应用研究[J]. 旅游学刊, (3): 41-44.

崔景华, 2012. 日本环境税收制度改革及其经济效应分析[J]. 现代日本经济, (3): 69-77.

戴学军, 丁登山, 林辰, 2002. 可持续旅游下旅游环境容量的量测问题探讨[J]. 人文地理, 17(6): 32-36.

戴维·罗默, 2014. 高级宏观经济学[M]. 上海: 上海财经大学出版社.

邓禾, 2007. 旅游环境税的国外实践及其对我国的借鉴[J]. 现代法学, 29(3): 124-130.

邸明慧, 张稳, 1995. 西柏坡革命纪念地旅游开发系统研究[J]. 地理学与国土研究, 11(2): 48-51.

董巍, 刘昕, 孙铭, 等, 2004. 生态旅游环境承载力评价与功能分区研究——以金华市为例[J]. 复旦学报(自然科学版), 43(6): 1024-1029.

董亚娟, 2012. 供需视角下入境旅游流驱动与城市目的地响应耦合关系研究[D]. 西安: 陕西师范大学.

范庆泉, 周县华, 张同斌, 2016. 动态环境税外部性、污染积累路径与长期经济增长——兼论环境税的开征时点选择问题[J]. 经济研究, (8): 116-128.

方奕勇, 黄春梅, 1997. 关于我国开征旅游业税收的探讨[J]. 南昌大学学报(社会科学版), (2): 15-18.

冯新灵, 2004. 绵阳旅游业耗散结构系统形成的研究[J]. 乐山师范学院学报, 22(5): 57-60.
宓泽锋, 曾刚, 尚勇敏, 等, 2016a. 长江经济带市域生态文明建设现状及发展潜力初探[J]. 长江流域资源与环境, 25(9): 1438-1447.
宓泽锋, 曾刚, 尚勇敏, 等, 2016b. 中国省域生态文明建设评价方法及空间格局演变[J]. 经济地理, 36(4): 15-21.
高峰, 1987. 可计算的一般均衡(CGE)模型及其应用[J]. 数量经济技术经济研究, (6): 45-51.
高萍, 2013. 我国环境税收制度建设的理论基础与政策措施[J]. 税务研究, (8): 52-57.
高楠, 马耀峰, 张春晖, 2015. 中国丝绸之路经济带旅游产业与区域经济的时空耦合分异——基于九省区市1993—2012年面板数据[J]. 经济管理, 37(9): 111-120.
高杨, 马耀峰, 刘军胜, 2016. 旅游业—城市化—生态环境耦合协调及发展类型研究——以京津冀地区为例[J]. 陕西师范大学学报(自然科学版), 44(5): 109-118.
葛察忠, 王金南, 杨金田, 2001. 中国环境税的研究与实践[J]. 上海环境科学, (8): 378-380.
葛夕良, 2007. 论我国国内税收竞争新模式的构建[J]. 宏观经济研究, (10): 59-63.
关伟, 许淑婷, 2015. 中国能源生态效率的空间格局与空间效应[J]. 地理学报, 70(6): 980-992.
郭伟, 方淑芬, 2005. 旅游地复合系统协调开发理论·方法·实证[M]. 北京: 地质出版社.
何盛明, 1990. 财经大辞典[M]. 北京: 中国财政经济出版社.
贺红权, 刘伟, 2007. 我国旅游资源产权制度的演进趋势及启示——基于一个文化古镇背景模型的分析[J]. 中国软科学, (12): 66-72.
赫然, 2008. 我国生态旅游中生态税收之体系建构[J]. 生态经济, (8): 114-117.
胡永政, 胡庆龙, 2007. 基于金融支持视角的旅游收入增长研究——来自黄山旅游业的经验数据分析[J]. 经济管理, (24): 82-87.
黄和平, 2015. 基于生态效率的江西省循环经济发展模式[J]. 生态学报, 35(9): 2894-2901.
黄震方, 黄睿, 2015. 基于人地关系的旅游地理学理论透视与学术创新[J]. 地理研究, 34(1): 15-26.
计金标, 1997a. 荷兰、美国、瑞典的生态税收[J]. 中国税务, (3): 11-13.
计金标, 1997b. 欧盟的生态税收[J]. 中国税务, (5): 15-18.
冷报德, 雷金花, 1994. 我国现阶段不宜开征污染税——与戎惠良同志商榷[J]. 税务研究, (8): 36-38.
黎洁, 2002. 旅游资源的资产化管理与旅游业环境经济政策研究——兼与敖荣军等同志商榷[J]. 旅游学刊, 17(2): 35-38.
李华, 2005. 保护区旅游潜力评价体系初探——生态足迹理论的应用[J]. 绿色中国, (14): 43-45.
李虹, 熊振兴, 2017. 生态占用、绿色发展与环境税改革[J]. 经济研究, (7): 124-138.
李洪心, 付伯颖, 2004. 对环境税的一般均衡分析与应用模式探讨[J]. 中国人口·资源与环境, 14(3): 19-22.
李鹏, 杨桂华, 郑彪等, 2008. 基于温室气体排放的云南香格里拉旅游线路产品生态效率[J]. 生态学报, 28(5): 2207-2219.
李鹏, 保继刚, 2010. 国家名义之下的旅游资源垄断与产权困境——以从化温泉风景区为例[J]. 地理科学, (5): 710-716.
李庆龙, 2004. 生态旅游承载力问题的探讨[J]. 林业经济问题, 24(3): 170-172.
李森, 马耀峰, 刘智兴, 等, 2013. 广州旅游产业与城市基础设施协调发展研究[J]. 河南科学, 31(10): 1820-1826.

廖朴, 郑苏晋, 2016. 环境、寿命与经济发展: 最优环境税研究——基于中国数据的模拟运算[J]. 管理评论, 28(10): 39-49.

刘承达, 2009. 旅游税理论研究初探[J]. 财经界, (12): 216-217.

刘峰, 1999. 旅游系统规划——一种旅游规划新思路[J]. 地理学与国土研究, 15(1): 56-60.

刘峰, 2000. 旅游系统规划的实施途径与案例研究——以宁夏回族自治区为例[J]. 地理科学进展, (3): 237-243.

刘军胜, 马耀峰, 吴冰, 2015. 入境旅游流与区域经济耦合协调度时空差异动态分析——基于全国 31 个省区 1993—2011 年面板数据[J]. 经济管理, 37(3): 33-43.

刘军胜, 马耀峰, 2017a. 1995—2014 年西北 5 省旅游流与区域交通的耦合过程与格局[J]. 浙江大学学报(理学版), 44(5): 606-615.

刘军胜, 马耀峰, 2017b. 基于发生学与系统论的旅游流与目的地供需耦合成长演化与驱动机制研究——以西安市为例[J]. 地理研究, 36(8): 1583-1600.

刘红, 唐元虎, 2001. 外部性的经济分析与对策——评科斯与庇古思路的效果一致性[J]. 南开经济研究, (1): 45-48.

刘浪涛, 2009. 完善环境税收制度促进我国经济可持续发展[J]. 法制与经济, (3): 118-119.

刘年丰, 姚瑞珍, 刘锐, 等, 2005. 基于 EFA 的旅游景区生态承载力及可持续发展[J]. 环境科学与技术, 28(5): 95-97.

刘书泉, 张云, 2002. 地方旅游经济开发中的财政对策[J]. 中国财政, (6): 56-57.

刘旺, 张文忠, 2002. 对构建旅游资源产权制度的探讨[J]. 旅游学刊, 15(4): 27-29.

刘勇, 赵艺学, 孔富安, 等, 2007. Logistic 模型在旅游业持续发展中的应用——以山西省绵山风景区为案例[J]. 经济地理, 27(4): 686-689.

梁明珠, 王伟, 2010. 公共性旅游资源开发与保护的政府规制研究[J]. 人文地理, (6): 150-153.

梁伟, 朱孔来, 姜巍, 2014. 环境税的区域节能减排效果及经济影响分析[J]. 财经研究, (1): 40-49.

林烺, 2016. 解决我国旅游环境治理困局的新思路: 旅游环境税[J]. 生态经济, 32(4): 132-138.

林明水, 谢红彬, 2007. VERP 对我国风景名胜区旅游环境容量研究的启示[J]. 人文地理, (4): 64-67.

卢洪友, 朱耘婵, 2017. 我国环境税费政策效应分析基于“三重红利”假设的检验[J]. 中国地质大学学报(社会科学版), 17(4): 9-26.

骆培聪, 1997. 武夷山国家风景名胜区旅游环境容量探讨[J]. 福建师范大学学报(自然科学版), 13(1): 94-99.

M. 瑟尔・辛克莱, 麦克・斯特布勒, 2004. 旅游经济学[M]. 宋海岩, 等译, 北京: 高等教育出版社.

马鑫, 2011. 民族文化旅游资源的产权界定及利益分配问题研究[J]. 云南民族大学学报: 哲学社会科学版, (4): 35-39.

马晓龙, 保继刚, 2009. 基于 DEA 的中国国家级风景名胜区使用效率评价[J]. 地理研究, 28(3): 838-848.

马晓龙, 金远亮, 2015. 张家界城市旅游发展的效率特征与演进模式[J]. 旅游学刊, 30(2): 24-32.

马勇, 胡孝平, 2010. 神农架旅游生态补偿实施系统构建[J]. 人文地理, (6): 120-124.

马中, 蓝虹, 2005. 贫困约束下对消费者征收环境税的绩效分析[J]. 复旦学报(社会科学版), (2): 53-59.

牛亚菲, 陈田, 2004. 旅游生态环境系统研究——生态旅游研究的基石[J]. 旅游学刊, 19(4): 5-6.

潘华丽, 2013. 环境税背景下旅游经济与旅游生态环境效应研究[D]. 济南: 山东师范大学.

庞闻, 马耀峰, 唐仲霞, 2011. 旅游经济与生态环境耦合关系及协调发展研究——以西安市为例[J]. 西北大学学报

(自然科学版), 41(6): 1097-1101, 1106.
裴博, 马耀峰, 李天顺, 等, 2014. 供需视角下入境旅游流与星级饭店系统耦合协调及其影响因素分析——以北京市为例[J]. 陕西师范大学学报(自然科学版), 42(5): 97-102.
彭华, 1999a. 旅游发展驱动机制及动力模型探析[J]. 旅游学刊, (6): 39-44.
彭华, 1999b. 汕头城市旅游持续发展驱动机制研究[J]. 地理学与国土研究, 15(3): 75-81.
彭水军, 曹毅, 张文城, 2015. 国外有关服务业发展的资源环境效应研究述评[J]. 国外社会科学, (6): 25-33.
千年生态系统状况评估项目组, 2007. 生态系统与人类福祉: 生物多样性综合报告. 赵士洞, 等译. 北京: 中国环境科学出版社.
曲如晓, 吴洁, 2011. 论碳关税的福利效应[J]. 中国人口·资源与环境, 21(4): 37-42.
戎惠良, 1991. 西方国家污染税简介[J]. 涉外税务, (2): 24-25.
孙晨光, 2008. 旅游经济发展与金融支持关系思考——以焦作市为例[J]. 金融理论与实践, (7): 52-55.
孙道玮, 俞穆清, 陈田, 等, 2002. 生态旅游环境承载力研究——以净月潭国家森林公园为例[J]. 东北师大学报(自然科学版), 34(1): 66-71.
孙多勇, 王银生, 1990. 旅游经济系统的发展战略研究[J]. 系统工程, 8(2): 66-72.
孙景荣, 张捷, 章锦河, 等, 2012. 中国城市酒店业效率的空间特征及优化对策[J]. 经济地理, 32(8): 155-159.
孙钰霞, 张明举, 2002. 对重庆市旅游系统优化问题的思考[J]. 桂林旅游高等专科学校学报, 13(3): 45-48.
孙亚男, 2011. 辽东民族地区旅游环境政策研究[D]. 沈阳: 沈阳师范大学.
汤孟平, 冯大千, 1997. 喀纳斯自然保护区环境容量测算与游客量预测[J]. 辽宁林业科技, 24(4): 2-3.
王彬辉, 2009. 论促进“两型社会”实现之环境税收制度——以长株潭“两型社会试验区”为例[C]//2009 年全国环境资源法学研讨会(年会)论文集. 中国法学会环境资源法学研究会(China Law Society Association of Environment and Resources Law, CLS-AERL), 昆明理工大学, 6.
王彬辉, 2010. 关于我国征收环境税的立法思考[J]. 时代法学, 8(1): 47-52.
王迪云, 2006. 旅游耗散结构系统开发理论与实践[M]. 北京: 中国市场出版社.
王玎玎, 2014. 我国六大城市入境旅游流与目的地服务耦合协调度时序演变研究[D]. 西安: 陕西师范大学.
王家骏, 1999. 旅游系统模型: 整体理解旅游的钥匙[J]. 无锡教育学院学报, 19(1): 66-69.
王剑, 彭建, 2003. 龙宫风景区科普旅游功能初探[J]. 中国岩溶, 22(3): 72-77.
王金南, 葛察忠, 高树婷, 等, 2009. 中国独立型环境税方案设计研究[J]. 中国人口·资源与环境, (19): 69-72.
王军, 1997. 可持续发展[M]. 北京: 中国发展出版社.
王辉, 林建国, 2005. 旅游者生态足迹模型对旅游环境承载力的计算[J]. 大连海事大学学报, 31(3): 57-61.
王慧敏, 2005. 构建中国生态税制[D]. 上海: 上海社会科学院.
王建勋, 2011. 促进旅游业发展的财政政策选择[J]. 中央财经大学学报, (6): 11-16.
王书华, 毛汉英, 王忠静, 2002. 生态足迹研究的国内外近期进展[J]. 自然资源学报, 17(6): 776-782.
王永明, 马耀峰, 2011. 城市旅游经济与交通发展耦合协调度分析——以西安市为例[J]. 陕西师范大学学报(自然科学版), 39(1): 86-90.
王郁, 2006. 环境税收法律制度国际比较研究——兼论我国环境税收法律制度[D]. 青岛: 中国海洋大学.
王智勇, 赵越, 2007. 金融支持云南旅游文化产业可持续发展研究——以丽江为例[J]. 经济问题探索, (7): 113-116.

魏敏, 2010. 基于可持续性财政政策抉择的旅游发展模式研究[J]. 财政研究, (1): 55-57.
文传浩, 杨桂华, 王焕校, 2002. 自然保护区生态旅游环境承载力综合评价指标体系初步研究[J]. 农业环境保护, 21(4): 365-368.
吴冰, 马耀峰, 2015. 西安市入境游客需求与饭店供给耦合实证研究[J]. 西北大学学报(自然科学版), 45(4): 660-664.
吴殿廷, 王欣, 2005. 旅游开发与管理的时空耦合规律初探[J]. 人文地理, 20(1): 42-44.
吴菲菲, 葛颜祥, 王蓓蓓, 2009. 旅游业对上游产业生态补偿机制的研究[J]. 农业现代化研究, (6): 683-687.
吴福象, 朱蕾, 2014. 可计算一般均衡理论模型的演化脉络与应用前景展望—— 一个文献综述[J]. 审计与经济研究, (2): 95-103.
吴晶, 马耀峰, 2014. 东、西部城市旅游产业与城市化耦合协调度对比研究[J]. 旅游论坛, 7(1): 46-50.
吴丽涵, 兰卓, 2005. 发展中国循环经济的环境税收制度[C]//水污染防治立法和循环经济立法研究——2005 年全国环境资源法学研讨会论文集(第二册). 全国人民代表大会环境与资源保护委员会法案室, 中国法学会环境资源法学研究会, 江西理工大学, 3.
武亚军, 宣晓伟, 2002. 环境税经济理论及对中国的应用分析[M]. 北京: 经济科学出版社.
席建超, 葛全胜, 成升魁, 等, 2004. 旅游消费生态占用初探——以北京市海外入境旅游者为例[J]. 自然资源学报, 19(2): 224-229.
项镜泉, 1999. 积极发挥旅游在扩大内需和促进经济发展中的作用——兼论财政对发展旅游业的促进作用[J]. 中央财经大学学报, (7): 7-10.
徐红罡, 2001. 潜在游客市场与旅游产品生命周期——系统动力学模型方法[J]. 系统工程, 19(3): 69-75.
徐红罡, 2006. 生态旅游地发展的模型研究[J]. 旅游学刊, 21(8): 75-80.
徐红罡, 郑海燕, 保继刚, 2005. 城市旅游地生命周期的系统动态模型[J]. 人文地理, (5): 66-69.
徐中民, 张志强, 程国栋, 2000. 甘肃省 1998 年生态足迹计算与分析[J]. 地理学报, 55(5): 607-616.
杨春宇, 2010. 旅游地发展研究新论——旅游地复杂系统演化理论 • 方法 • 运用[M]. 北京: 科学出版社.
杨春宇, 黄震方, 毛卫东, 等, 2007. 旅游地系统演化机制研究——基于两个系统的耦合分析[J]. 云南师范大学学报(哲学社会科学版), 39(2): 135-141.
杨春宇, 黄震方, 毛卫东, 2009a. 基于系统科学的旅游地演化机制及规律性初探[J]. 旅游学刊, 24(3): 55-62.
杨春宇, 黄震方, 毛卫东, 2009b. 旅游地复杂系统演化理论研究流派、进程与展望[J]. 人文地理, 23(3): 66-70.
杨桂华, 李鹏, 2005. 旅游生态足迹: 测度旅游可持续发展的新方法[J]. 生态学报, 25(6): 1475-1480.
杨林泉, 文正祥, 2003. 旅游环境承载力实证分析[J]. 中国人口 • 资源与环境, 13(5): 71-74.
杨静, 2011. 环保汽车税收政策效应传导机制评价模型研究——基于拉姆齐模型的扩展研究[J]. 中国管理信息化, (3): 30-32.
杨琪, 2003. 生态旅游区的环境承载量分析与调控[J]. 林业调查规划, 28(2): 73-76.
杨锐, 2003. 从游客环境容量到 LAC 理论——环境容量概念的新发展[J]. 旅游学刊, 18(5): 62-65.
杨晓霞, 2004. 我国旅游资源产权问题探析[J]. 经济地理, (3): 419-422.
叶春明, 赵宇华, 2009. 中国旅游产业发展中的金融支持研究[J]. 金融观察, (10): 57-61.
尹贻梅, 刘正浩, 刘志高, 2003. 生态旅游环境监测系统[J]. 国土与自然资源研究, (1): 67-68.

余晓燕, 2009. 一般均衡理论的发展脉络研究[J]. 现代商贸工业, (7): 22-23.

詹新惠, 马耀峰, 高楠, 等, 2014. 区域旅游业与城市化耦合协调度的时空分异研究——以陕西省为例[J]. 陕西师范大学学报(自然科学版), 42(2): 82-87.

章杰宽, 朱普选, 2011. 基于系统论的旅游可持续发展结构模型研究[J]. 科学决策, (5): 71-81.

章锦河, 2008. 旅游废弃物生态影响评价——以九寨沟、黄山风景区为例[J]. 生态学报, 28(6): 2764-2773.

章锦河, 张捷, 2004. 旅游生态足迹模型及黄山市实证分析[J]. 地理学报, 59(5): 763-771.

章锦河, 张捷, 梁玥琳, 等, 2005. 九寨沟旅游生态足迹与生态补偿分析[J]. 自然资源学报, 20(5): 735-744.

张春晖, 马耀峰, 吴晶, 等, 2013. 供需视角下西部入境旅游流与目的地耦合协调度及其时空分异研究[J]. 经济地理, 33(10): 174-181.

张传国, 许姣, 2012. 国外环境税问题研究进展[J]. 审计与经济研究, (3): 105-112.

张海涛, 王如松, 胡聃, 等, 2011. 煤矿固废资源化利用的生态效率与碳减排——以淮北市为例[J]. 生态学报, 31(19): 5638-5645.

张惠, 周春林, 管卫华, 等, 2004. 基于旅游系统的旅游地生命周期问题探讨[J]. 中国软科学, (11): 142-146.

张世秋, 1997. 可持续发展的经济手段[M]. 北京: 中国环境科学出版社.

张胜, 毛显强, 2003. 提升人文旅游资源价值的环境经济政策分析——以世界文化遗产平遥古城为例[J]. 中国人口·资源与环境, 13(5): 66-70.

张文, 1997. 构造一个基于关系的旅游系统的讨论[J]. 北京第二外国语学院学报, (78): 32-43.

张晓娣, 2015.生态效率变动的产业及要素推动——基于投入产出和系统优化模型[J]. 自然资源学报, 30(5): 748-760.

张子龙, 鹿晨昱, 陈兴鹏, 等, 2014. 陇东黄土高原农业生态效率的时空演变分析——以庆阳市为例[J]. 地理科学, 34(4): 472-478.

郑玉歆, 樊明太, 1999. 中国 CGE 模型及政策分析[M]. 北京: 社会科学文献出版社.

朱丹红, 2008. 借鉴国际经验构建中国环境税收制度[D]. 厦门: 厦门大学.

朱晔, 刘军胜, 马耀峰, 2015. 北京市饭店与旅游经济耦合协调度研究[J]. 商业研究, (10): 188-192.

朱永彬, 刘晓, 王铮, 2010. 碳税政策的减排效果及其对我国经济的影响分析[J]. 中国软科学, (4): 1-9.

Alberto Sessa, 1988. The science of systems for tourism development[J]. Annals of Tourism Research, (2): 219-235.

Allan G, Lecca P, Mcgregor P, et al., 2014.The economic and environmental impact of a carbon tax for Scotland: A computable general equilibrium analysis[J]. Ecological Economics, (4): 13-19.

Bagliani M, Galli A, Niccolucci V, et al., 2008. Ecological footprint analysis applied to a sub-national area: The case of the Province of Siena (Italy) [J]. Journal of Environmental Management, 86(2): 354-364.

Ballard C L, Don F, Shoven J B, et a1., 1985. A General Equilibrium Model for Tax Policy Evaluation[M]. Chicago: The University of Chicago Press.

Becken S, Simmons D G, 2002. Understanding energy consumption patterns of tourist attractions and activities in New Zealand[J]. Tourism Management, 23(2): 343-354.

Brida J G, Deidda M, Pulina M, 2014.Tourism and transport systems in mountain environments: Analysis of the economic efficiency of cableways in South Tyrol[J]. Journal of Transport Geography, 36: 1-11.

Butler R W, 1980. The concept of a tourist area cycle of evolution: Implication for management of resources[J]. Canadian Geographer, 24(1): 5-12.

Campbell R, Rogers K, Rezek J, 2008. Efficient frontier estimation: A maximum entropy approach[J]. Journal of Productivity Analysis, 30(3): 213-221.

Canestrelli E, Costa P, 1991. Tourist carrying capacity: A fuzzy approach[J]. Annals of Tourism Research, 18 (2): 295-311.

Chang M C, 2014.Electricity tax subsidizing the R&D of emission-reducing technology: The double dividend effect under FIT regime[J]. Electrical Power and Energy Systems, (62): 284-288.

Claudio A G, 2003. Pigouvian taxation in tourism[J]. Environmental and Resource Economics, (3): 343-359.

Egelston A E, 2013. Sustainable Development-A History [M]. Berlin: Springer.

Egilmez G, Kucukvar M, Tatari O, 2013.Sustainability assessment of U. S.manufacturing sectors: An economic input output-based frontier approach[J]. Journal of Cleaner Production, 53: 91-102.

Faulkner B, Russell R, 1997. Chaos and complexity in tourism: In search of a new perspective[J]. Pacific Tourism Review, (2): 93-102.

Gago A, Labandeira X, Picos F, et al., 2009. Specific and general taxation of tourism activities. Evidence from Spain[J]. Tourism Management, (30): 381-392.

Goulder L H, Parry I W, Williams R C, et al., 1998. The Cost-effectiveness of alternative instruments for environmental protection in a second·best setting[J]. Journal of Public Economics, 72(3): 329-360.

Gössling S, Peeters P, Ceron J P, et al., 2005. The eco-efficiency of tourism[J]. Ecological Economics, 54(4): 417-434.

Gunn C A T, 2002. Tourism Planning: Basics, Concepts, Cases (4thed) [M]. New York: Routledge.

Hardin G, 1968. The tragedy of the commons[J]. Science, 162: 1243-1248.

Hayward T, 2005. Thomas Pogge's global resources dividend: A critique and an alternative[J]. Journal of Moral Philosophy, 2(3): 317-332.

Hunter C, 2002. Sustainable tourism and the touristic ecological footprint[J]. Environment Development and Sustainability, 4(1): 7-20.

Kielenniva N, Antikainen R, Sorvari J, 2012. Measuring eco-efficiency of contaminated soil management at the regional level[J]. Journal of Environmental Management, 109: 179-188.

Kilimani N, Heerden J V, Bohlmann H, 2015.Water taxation and the double dividend hypothesis[J]. Water Resources and Economics, 10(9): 68-91.

Kytzia S, Walz A, Wegmann M, 2010. How can tourism use land more efficiently? A model-based approach to land-use efficiency for tourist destinations[J]. Tourism Management, 32(3): 629-640.

Lazzari S, 2008. Energy tax policy: History and current issues[R]. Congressional Research Service of the Library of Congress, 4.

Leiper N, 1979. The framework of tourism[J]. Annals of Tourism Research, 6(4): 390-407.

Leiper N, 1995. Tourism Management[M]. Collingwood: TAFE Publications.

Lime D, Stankey G, 1971. Carrying capacity: Maintaining outdoor recreation quality[C]//Recreation Symposium

Proceedings. US Forest Service. New York: College of Forest: 174-184.

Lin Y H, Hemmington N, 1997.The impact of environmental policy on the tourism industry in Taiwan[J]. Progress In Tourism and Hospitality Research, (1): 35-45.

Logar I, 2010. Sustainable tourism management in Crikvenica, Croatia: An assessment of policy instruments[J]. Tourism Management, 31(1): 125-135.

Mark L, 2006. The knock-on effect of tourism tax[J]. Caterer & Hotelkeeper, 196(4451): 4

Mbaiwa J E, 2003. The socio-economic and environmental impacts of tourism development on the Okavango Delta, North-western Botswana[J]. Journal of Arid Environments, (54): 447-467.

McIntyre G, 1993. Sustainable Tourism Development: Guide for Local Planners[M]. Madrid: World Tourism Organization.

McKercher B, 1999. A chaos approach to tourism[J]. Tourism Management, (20): 425-434.

Mayor K, Richard S J T, 2007. The impact of the UK aviation tax on carbon dioxide emissions and visitor numbers[J]. Transport Policy, 14(6): 507-513.

Möller A, Schaltegger S, 2005.The sustainability balanced scorecard as a framework for eco-efficiency analysis[J]. Journal of Industrial Ecology, 9(4): 73-83.

Palmer T, Riera A, 2003. Tourism and environmental taxes. With special reference to the "Balearic Ecotax" [J]. Tourism Management, (6): 665-674.

Pazienza P, 2011. Should we tax tourism? Theoretical justifications from the economics of non-renewable resources[J]. Environmental Economics, 2(1): 8-16.

Pearce D, 1991.The role of carbon taxes in adjusting to global warming[J]. Economic Journal, 101(407): 938-948.

Perch-Nielsen, Sesartic A, Stucki M, 2010. The greenhouse gas intensity of the tourism sector: The case of Switzerland[J]. Environmental Science & Policy, 13(9): 131-140.

Perdue R, Long P T, Allen L, 1990. Resident support for tourism development [J]. Annals of Tourism Research, (17): 586-599.

Pigou A C, 1920. The Economics of Welfare[M]. London: Macmillan.

Poirier R A, 1997.Environmental policy and tourism in Tunisia[J]. Journal of Travel Research, (3): 57-60.

Ramsey F P, 1927. A contribution to the theory of taxation[J]. The Economic Journal, (37): 47-61.

Ree W E, 1992. Ecological footprint and appropriated carrying capacity: What urban economics leaves out[J]. Environment and Urbanization, 4(2): 121-130.

Robaina-Alves M, Moutinho V, Macedo P, 2015.A new frontier approach to model the eco-efficiency in European countries[J]. Journal of Cleaner Production, 103: 562-573.

Rüdenauer I, Gensch C O, Grieβhammer R, et al., 2005. Integrated environmental and economic assessment of products and processes[J]. Journal of Industrial Ecology, 9(4): 105-116.

Samuelson P A, 1954. The pure theory of public expenditure[J]. The Review of Economics and Statistics, (11): 387-389.

Schaltegger S, Sturm A, 1990.Okologische rationalitat[J]. Die Unternehmung, 4: 273-290.

Schwartz Z, Stewart W, Backlund E A, 2012. Visitation at capacity constrained tourism destinations: Exploring revenue management at a national park[J]. Tourism Management, (1): 500-508.

Seppäläa J, Melanen M, Mäenpää I, et al., 2005. How can the eco-efficiency of a region be measured and monitored[J]. Journal of Industrial Ecology, 9(4): 117-130.

Svend L, Stephen W, 2001. The resort lifecycle theory[J]. Annals of Tourism Research, (28): 947-964.

UNCTAD, 2003.Integrating Environmental and Financial Performance at the Enterprise Level: A Methodology for Standardizing Eco-Efficiency Indicators[M].Geneva: United Nations Publication.

Van Berkel R, 2007. Cleaner production and eco-efficiency initiatives in Western Australia 1996-2004[J]. Journal of Cleaner Production, 15(8/9): 741-755.

Wackernagel M, Ree W, 1996. Our Ecological Footprint: Reducing Human Impact on the Earth, Gabriola Island[M]. Philadelphia: New Society Publishers.

Wackernagel M, Yount J, 2000. Footprints for sustainability: The next steps[J]. Environment Development and Sustainability, 2(1): 23-44.

Wagar J A, 1964. The Carrying Capacity of Wild Lands for Recreation[M]. Washington: Society of American Foresters.

Zhu Z Y, Wang K, Zhang B, 2014.Applying a network data envelopment analysis model to quantify the eco-efficiency of products: A case study of pesticides[J]. Journal of Cleaner Production, 69: 67-73.

附 录 一

表1　游客量　　（单位：亿人次）

地区	2000年	2001年	2002年	2003年	2004年	2005年	2006年	2007年	2008年	2009年	2010年	2011年	2012年	2013年	2014年	2015年	2016年
北京	0.95	1.13	1.18	0.89	1.23	1.29	1.36	1.47	1.46	1.67	1.84	2.14	2.31	2.52	2.61	2.73	2.8
上海	0.83	0.85	1.18	0.91	0.79	0.96	1.03	1.09	1.16	1.3	2.23	2.39	2.59	2.67	2.76	2.84	3.05
重庆	0.33	0.44	0.47	0.43	0.53	0.6	0.68	0.81	1.01	1.23	1.61	2.22	2.9	3.08	3.49	3.92	4.51
天津	0.31	0.33	0.46	0.38	0.52	0.58	0.64	0.69	0.79	0.87	0.96	1.08	1.19	1.35	1.53	1.74	1.91
广东	0.63	0.85	0.95	0.87	1.05	1.16	1.28	1.45	1.62	1.81	2.13	2.44	2.74	3.18	3.2	4.48	4.91
山东	0.7	0.81	0.96	0.89	1.14	1.41	1.68	2.03	2.43	2.92	3.86	4.21	4.7	5.43	6	6.6	7.1
江苏	0.72	0.83	1.22	1.32	1.51	1.76	2.03	2.83	2.99	3.03	3.5	4.84	5.16	5.3	5.7	6.22	6.8
四川	0.58	0.69	0.79	0.89	1.24	1.43	1.8	2.02	1.81	2.27	2.71	3.66	4.63	5.11	5.64	5.93	6.01
浙江	0.7	0.79	0.92	1.02	1.33	1.64	2.04	2.42	2.62	2.94	3.53	4.2	4.78	5.1	5.72	6.25	6.84
河南	0.53	0.57	0.63	0.51	0.81	1.01	1.31	1.71	2.01	2.34	2.65	3.07	3.63	4.11	4.58	5.18	5.83
湖北	0.55	0.61	0.68	0.57	0.69	0.77	0.86	1.03	1.18	1.52	1.82	2.74	3.45	4.09	4.72	5.1	5.73
湖南	0.47	0.51	0.58	0.6	0.66	0.72	0.92	1.09	1.28	1.6	2.02	2.53	3.02	3.62	4.12	4.73	5.65
安徽	0.3	0.34	0.39	0.34	0.44	0.48	0.63	0.79	1.01	1.24	1.55	2.28	2.95	3.4	3.82	4.44	5.25
陕西	0.31	0.34	0.38	0.33	0.42	0.61	0.71	0.81	0.92	1.15	1.46	1.84	2.33	2.85	3.32	3.86	4.49
江西	0.25	0.29	0.33	0.34	0.41	0.51	0.61	0.7	0.78	0.94	1.08	1.6	2.05	2.5	3.13	3.85	4.7
河北	0.27	0.31	0.38	0.45	0.73	0.81	0.91	1.01	0.98	1.22	1.46	1.87	2.31	2.71	3.1	3.72	4.67
山西	0.29	0.31	0.34	0.35	0.55	0.66	0.76	0.86	0.96	1.07	1.31	1.52	1.92	2.52	3.01	3.61	4.4
贵州	0.2	0.21	0.22	0.18	0.25	0.31	0.47	0.64	0.82	1.04	1.29	1.7	2.14	2.77	3.21	3.6	5.31
广西	0.34	0.45	0.51	0.53	0.56	0.64	0.75	0.87	1.04	1.21	1.43	1.75	2.31	2.45	2.89	3.3	4.09
辽宁	0.43	0.51	0.63	0.63	0.81	1.01	1.33	1.67	2.01	2.45	2.86	3.3	3.67	4.09	4.6	3.29	4.17
云南	0.34	0.47	0.52	0.53	0.61	0.72	0.81	0.94	1.08	1.78	1.98	2.33	2.84	3.54	3.85	3.23	4.31
福建	0.31	0.35	0.41	0.39	0.48	0.58	0.69	0.83	0.88	1.01	1.18	1.39	1.67	2.01	2.34	2.67	3.15
甘肃	0.06	0.07	0.08	0.06	0.09	0.11	0.16	0.24	0.25	0.34	0.43	0.58	0.78	1.01	1.27	1.56	1.9
吉林	0.19	0.23	0.25	0.24	0.27	0.29	0.32	0.38	0.46	0.55	0.65	0.76	0.89	1.04	1.21	1.41	1.66
黑龙江	0.28	0.31	0.34	0.36	0.41	0.45	0.53	0.67	0.86	1.09	1.59	2.04	2.54	1.05	1.07	1.3	1.45
内蒙古	0.08	0.09	0.12	0.1	0.16	0.22	0.26	0.31	0.34	0.4	0.46	0.53	0.6	0.68	0.76	0.85	0.98
新疆	0.09	0.09	0.1	0.11	0.13	0.15	0.17	0.22	0.22	0.21	0.31	0.39	0.49	0.52	0.5	0.61	0.81
海南	0.09	0.11	0.12	0.12	0.14	0.15	0.16	0.18	0.21	0.23	0.26	0.3	0.33	0.37	0.48	0.53	0.6
青海	0.03	0.04	0.04	0.04	0.05	0.06	0.08	0.2	0.09	0.11	0.12	0.14	0.16	0.18	0.2	0.23	0.29
西藏	0.01	0.01	0.01	0.01	0.01	0.02	0.03	0.04	0.02	0.05	0.07	0.09	0.11	0.13	0.16	0.2	0.23
宁夏	0.02	0.02	0.03	0.02	0.04	0.05	0.05	0.07	0.07	0.09	0.1	0.12	0.13	0.18	0.17	0.18	0.22

表 2　旅游收入

（单位：亿元）

地区	2000 年	2001 年	2002 年	2003 年	2004 年	2005 年	2006 年	2007 年	2008 年	2009 年	2010 年	2011 年	2012 年	2013 年	2014 年	2015 年	2016 年
北京	683	887.7	930	706	1145	1300	1482.7	1753.6	1907	2144.5	2425.1	2864.3	3301.3	3666.3	3997	4320	5021
上海	775.6	805.78	993.8	1079.8	1216.34	1308.41	1419.94	1611.32	1612.41	1913.8	2522.94	2786.54	3224.39	2968	2950.13	3004.73	3443.93
重庆	143.4	207.42	215.5	194.52	259.77	301.12	346.18	444.12	561.53	703.23	917.85	1268.62	1662.15	1771.02	2003.92	2251.31	2645.21
天津	316.4	359.71	418.3	422.23	519.3	584.07	878.56	960.26	1044.77	1234.91	1447.32	1395.08	1676.88	2013.93	2402.62	2794.25	3100
广东	1149.9	1264.09	1467.08	1338.11	1664.05	1882.61	2120.01	2455.06	2668.39	3068.39	3804.1	4835.46	5794.74	6716.69	9227	10365	11560
山东	412.7	494.4	610.8	573.43	814.67	1038.7	1295.66	1653.6	2005.2	2452.2	3058.8	3736.6	4519.7	5183.9	6192.5	7062.5	8020
江苏	633.6	728.28	897.4	1047.32	1402.44	1769.9	2190.76	2708.3	3173.2	3649.5	4685	5526.2	6415.8	7018.9	8145.5	9050.1	10200
四川	257.1	311.08	380.2	418	566.2	721.3	979.6	1217.3	1092.36	1472.5	1886.09	2449.2	3280.3	3877.4	4891	6210.52	7600
浙江	462.6	578.73	693.32	767.6	1010.1	1350.08	1690	2026	2250	2644	3058.8	4080	4801	5536	6301	7139.14	8093.23
河南	354.6	383.01	418.47	345.81	570.24	800.2	1039.39	1352.24	1591.96	1984.64	2282	2802.06	3364.1	2875.5	4366.2	5035	5764
湖北	279.8	349.03	402.18	339.76	406.51	468.42	534.72	635.83	741.72	1002.27	1200	1991.96	2630.54	3208.15	3755.28	4314.7	4870
湖南	144.6	210	246	294.1	371.59	453.57	588.39	732.71	851.75	1099.47	1425.8	1785.78	2234.1	2681.9	3050.7	3712.91	4707.43
安徽	159.9	186.2	216.2	196.5	265.7	308.6	411.5	576	731.1	908.9	1151	1900.6	2617.8	3010.4	3430.4	4120	4932
陕西	145.9	161.91	180.65	156.27	208.04	353.3	410.64	497.17	603.24	764.62	983.99	1325	1713.32	2135	2521.4	3006	3813.43
江西	130.2	156.28	185.84	197.47	240.81	320	390.9	463.7	536.25	674.06	816.94	1105.76	1403.04	1897.2	2659.85	3630	4993.29
河北	152.3	171.18	183.24	205.3	350.4	424.1	490.2	580.1	554.5	709.7	914.6	1221.3	1588.3	2010.1	2561.5	3433.97	4654.5

续表

地区	2000年	2001年	2002年	2003年	2004年	2005年	2006年	2007年	2008年	2009年	2010年	2011年	2012年	2013年	2014年	2015年	2016年
山西	80.21	86.74	94.32	101.5	156.43	292	428.4	581.6	739.3	892.5	1083.5	1342.6	1813	2305.4	2846.5	3447.5	4247.1
贵州	145.1	148.93	152.41	142.3	167.6	251.14	387.05	512.28	653.13	805.23	1061.23	1429.48	1860.16	2370.65	2895.98	3500	5027.54
广西	165.3	179.17	214.45	251.67	297.21	314.58	366.2	443.88	783.63	814.62	952.95	1277.81	1659.72	2057.14	2601.99	3252	4191.36
辽宁	271.8	332.4	407.3	437.5	370	734.6	970.5	1307	1741.5	2225.1	2686.9	3335.6	3940	4648.1	5289.5	3825	4225
云南	238.4	257	289.9	306.64	369.27	430.14	199.78	559.21	662.28	810.73	1066.83	1300.29	1702.54	2111.24	2665.74	3281.79	4726.25
福建	313.5	345.67	424.39	387.3	550.74	578	693.5	838.17	1014.55	1132.62	1337.45	1597.78	1916.94	2286.47	2707.67	3150	3935.16
甘肃	20.3	31.18	34.25	29.41	51.62	60.56	79.22	111.06	137.1	192.51	237.15	333.68	498.08	620.2	780.25	975.42	1220
吉林	76.18	83.68	115.39	141.73	184	226.34	272.02	350.16	450.8	580.96	732.83	929.33	1178.06	1477.08	1807.71	2315	2897.37
黑龙江	135.2	171.3	198.2	222.3	250.3	280.3	351	429.3	563	649.9	883.4	1091.5	1300.3	980.77	1066.1	1361.43	1603.27
内蒙古	40.29	60.09	79.54	92.12	140.28	245.64	279.71	390.77	468.85	611.35	737.7	889.55	1128.51	1403.46	1805.3	2257.1	2714.71
新疆	69.99	78.14	82.32	94.48	114.78	136.95	157.29	203.29	206.65	185.51	364.68	440.76	577.26	673.24	650.07	1022	1401
海南	83.14	86.95	95.38	93.52	111.01	125.05	141.43	171.37	192.33	211.72	257.63	324.04	379.12	229.86	258.1	572.49	669.62
青海	10.54	13.45	20.76	15.24	20.07	25.55	35.69	47.38	47.51	60.51	70.07	92.3	123.75	158.54	201.9	248.03	310.31
西藏	2.38	3.12	9.9	10.37	15.32	19.35	27.71	48.52	32.43	55.99	71.44	97.06	126.48	165.18	204	280	330.75
宁夏	9.89	10.35	11.99	10.21	15.1	17.74	25.67	31.64	40.53	53.41	67.8	83.81	103.39	127.3	141.56	161	210

表 3 固定资产投资

（单位：亿元）

地区	2000 年	2001 年	2002 年	2003 年	2004 年	2005 年	2006 年	2007 年	2008 年	2009 年	2010 年	2011 年	2012 年	2013 年	2014 年	2015 年	2016 年
北京	1297	1530.5	1814.3	2157.1	2528.2	2827.2	3371.5	3966.6	3848.5	4858.5	5493.5	6462	7430.5	8399	9367.5	10336	11304.5
上海	1869	1994.7	2187.06	2452.11	3084.66	3542.55	3925.09	4458.61	4829.45	5273.33	5317.67	5067.09	5254.38	5647.79	6016.43	6352.	6478.51
重庆	655.8	801.82	995.66	1269.35	1609.35	2006.32	2451.84	3161.52	4045.25	5317.92	6934.8	7631.8	9380	11205.03	13223.75	15480	17361.1
天津	608.2	705.1	811.6	1046.72	1258.98	1516.84	1849.8	2388.63	4304.09	5006.32	6511.42	7510.67	8871.31	10121.21	11654.09	13065	14629.2
广东	3233	3536.4	3970.69	5030.57	5983.27	7164.11	8132.37	9596.95	11165.06	13353.15	16113.19	16843.83	19307.53	22858.53	25928.08	30031	33008.8
山东	2542	2807.3	3509.3	5328.4	7629	10541.9	11136.1	12537.9	19031	23279.1	25928.4	31256	35875.9	41599.1	473811.5	52364	33008.8
江苏	2995	3303	3849.2	5335.8	6827.6	8739.7	10071.4	12270.6	15061.5	18751.6	23186.8	26299.4	31707.2	35982.5	41552.8	45905	49370.9
四川	1403	1573.8	1805.2	2158.2	2648.5	3477.7	4521.7	5855.3	7581.2	12020.7	13582	15124.1	18038.9	21049.2	23577.2	25973	29126
浙江	2207	2777	3596	4994	6060	6696	7594	8420	9323	10742	12488	14077	17094	20194	23555	26665	29571
河南	1475	1627.7	1826.45	2310.54	3099	4378.69	5907.74	8010.11	10469.51	13704.65	16585.85	17766.78	21761.54	26220.92	30012.28	35660	39753.9
湖北	1421	1551.7	1695.22	1883.59	2356.38	2834.75	3572.69	4534.14	5798.52	8211.85	10802.69	12931.75	16044.87	20177.45	24303.05	28250	29503.8
湖南	1066	1210.6	1355.9	1556.94	1981.29	2540.06	3242.39	4296.52	5649.97	7695.35	9821.06	11431.48	14576.6	18381.4	21950.8	25954	27688.5
安徽	866.7	946.1	1133.3	1477.7	1914.2	2521	3544.7	5105.9	6788.9	9263.2	11849.4	12126.3	15055	18251.1	21256.3	23965	26758.1
陕西	544.5	850.22	974.39	1249.67	1543.89	1982	2610	3642	4851	6553	8561	10033.05	12840.13	15934.2	18709.69	20177	20825.2
江西	548.2	660	925	1380	1820	2293	2683.6	3301.9	4745.4	66431	8772.3	11020	10774.2	12850.3	15079.3	17388	19694.2
河北	1816	1912.5	2020.38	2515.9	3215.3	4210	5501	6884.7	8866.6	12311.9	15083.4	16389.3	19661.3	23194.2	26671.9	29448	31750

续表

地区	2000年	2001年	2002年	2003年	2004年	2005年	2006年	2007年	2008年	2009年	2010年	2011年	2012年	2013年	2014年	2015年	2016年
山西	625.1	708.3	838.3	1116.3	1477.7	1859.3	2321.5	2927.2	3635.1	5033.5	6352.6	7373.1	9176.3	11200.2	12354.5	14137	14285
贵州	380	466.4	572.51	754.13	867.16	1014.63	1197.68	1488.8	1864.65	2450.99	3186.28	4026.27	5504.95	7102.78	8778.4	10676	12929.1
广西	621.4	731.25	835	976.74	1254.86	1845.83	2246.57	2927.08	3783.8	5706.7	7859.07	10134.45	12635.22	11907.67	13843.21	16227	18236.7
辽宁	1277	1421	1605.6	2082.5	1980.5	4204.4	5689.6	7435.2	10019.1	12292.6	160343	17726.3	21836.3	25107.7	24426.8	27640	26436.3
云南	700	772	818	1023.21	1331	1755.3	2220.5	2798.89	3526.6	4527.02	5528.71	5927.01	7553.51	9621.83	11073.86	13069	15662.4
福建	1110.1	1123.0	1230.76	1507.87	1899.1	2344.73	3115.08	4321.74	5301.69	6362.03	8273.42	10119.47	12709.66	15526.87	18449.48	21628	22927.9
甘肃	394.3	421.66	575.83	655.07	756.01	874.53	1024.87	1310.83	1735.79	2479.6	3378.1	4180.24	4385	6407.2	7759.62	8626	9534.1
吉林	615.3	679.5	804.88	965.64	1171.63	1802.41	2802.41	4003.18	5608.2	7259.5	9621.77	7441.71	9711.4	10129.3	11486.52	12704	13923.2
黑龙江	832.6	963.58	1046.17	1166.18	1430.82	1737.27	2236	2833.5	3655.97	5028.83	6812.56	7475.38	9694.7	11453.08	9587.09	9884	10432.6
内蒙古	423.6	503.63	707.91	1174.66	1787.95	2643.6	3363.21	4372.88	5475.41	7336.79	8926.46	10365.17	11875.7	14217.38	17431.05	13529	15469.5
新疆	610	706	800.09	970.39	1147.15	1339.06	1567.05	1850.84	2259.97	2725.45	3423.2	4623.14	6158.8	7732.3	9058.3	10729	9983.86
海南	198.8	213.32	225.41	280.02	317.05	367.17	423.89	502.37	705.42	988.32	1317.04	1657.23	2145.4	2697.93	3039.36	3355.	3747.03
青海	151.1	196.35	232.35	255.12	289.18	329.81	408.54	482.84	583.24	798.23	1016.87	1435.58	1883.4	2361.09	2788.91	3144	3533.19
西藏	64.05	83.26	106.58	133.96	162.36	181.39	231.14	270.34	309.91	378.28	462.67	516.31	670.5	876	1069.23	1295	1655.5
宁夏	157.5	191.08	226.98	226.98	317.99	376.2	443.25	498.75	599.8	828.85	1075.91	1444.16	1644.74	2096.9	2651.14	3093	3835.46

表 4　劳动投入

（单位：万人次）

地区	2000 年	2001 年	2002 年	2003 年	2004 年	2005 年	2006 年	2007 年	2008 年	2009 年	2010 年	2011 年	2012 年	2013 年	2014 年	2015 年	2016 年
北京	17.83	18.40	18.48	20.90	21.99	22.19	23.55	24.36	24.61	24.86	27.13	27.95	28.77	29.59	30.41	31.23	32.05
上海	15.83	16.60	16.93	18.90	17.99	18.01	18.79	20.06	20.46	22.16	26.87	28.57	28.27	28.97	29.67	30.37	32.07
重庆	9.12	10.42	11.93	10.90	12.99	13.01	14.09	14.16	16.46	16.96	20.87	28.57	36.27	42.97	44.67	48.37	59.07
天津	7.48	8.04	9.21	11.68	12.08	12.3	13.45	14.12	14.46	15.01	17.33	18.01	19.03	19.17	20.76	21.16	22.36
广东	14.91	15.77	17.31	17.89	18.57	19.44	20.98	21.01	21.82	23.46	28.38	34.63	39.97	44.29	47.32	51.31	54.96
山东	20.15	21.69	23.45	22.66	25.16	26.11	31.55	38.44	48.48	55.49	63.12	72.35	77.98	85.09	86.72	88.30	89.14
江苏	20.97	24.27	29.76	31.40	41.20	42.53	48.25	59.33	62.54	63.35	74.32	107.00	110.69	101.67	100.92	104.17	103.20
四川	14.45	16.10	18.37	19.52	20.27	25.07	31.41	35.66	31.86	45.33	51.25	62.42	74.59	76.16	78.60	81.49	86.89
浙江	15.01	15.34	18.27	20.34	24.16	26.93	34.19	49.34	65.61	81.39	83.12	85.00	85.83	87.89	88.97	89.18	92.88
河南	16.14	17.51	19.22	20.67	20.41	22.82	27.33	36.61	46.42	52.09	62.01	64.25	78.04	77.65	79.10	87.96	89.32
湖北	15.85	17.84	19.26	19.43	19.65	16.28	17.15	18.62	21.63	30.85	32.61	48.57	55.38	66.47	76.53	77.67	79.27
湖南	9.50	10.12	11.42	11.62	13.30	13.77	17.87	21.46	26.84	33.85	38.75	44.58	58.54	68.85	77.80	85.74	89.63
安徽	6.77	7.65	8.76	8.97	9.51	9.73	12.20	13.87	16.32	21.98	27.28	41.80	55.16	63.60	69.50	77.42	89.90
陕西	6.53	7.17	7.98	6.18	7.45	10.28	11.17	12.56	14.59	17.54	22.74	29.65	41.56	52.92	65.00	74.60	80.98
江西	6.25	7.06	8.09	8.40	8.62	11.12	13.54	15.58	17.64	21.75	22.20	27.41	36.21	55.48	62.95	69.78	70.52
河北	9.64	10.35	12.04	18.11	32.54	34.74	38.72	41.99	42.17	51.85	54.85	63.65	67.40	69.12	71.74	79.53	87.09

续表

地区	2000年	2001年	2002年	2003年	2004年	2005年	2006年	2007年	2008年	2009年	2010年	2011年	2012年	2013年	2014年	2015年	2016年
山西	7.39	7.70	8.08	8.31	14.60	16.15	17.74	19.04	21.56	23.47	29.44	34.00	41.28	53.39	55.27	59.68	62.97
贵州	7.51	7.92	8.36	8.62	6.00	8.73	12.41	15.01	19.05	24.79	28.84	37.68	46.09	55.34	56.88	61.29	70.86
广西	10.86	14.51	15.99	16.75	17.74	17.94	21.74	26.00	30.85	35.08	35.90	44.74	48.63	49.80	52.24	57.43	62.41
辽宁	11.71	13.91	17.00	17.29	23.24	29.54	41.12	48.28	50.79	68.50	73.02	74.58	77.97	77.33	85.53	88.03	82.75
云南	9.13	12.04	13.38	13.12	13.22	14.95	15.41	16.38	19.31	26.96	33.99	42.18	49.37	60.58	65.03	68.78	69.82
福建	9.43	10.77	11.35	12.31	14.71	16.09	22.24	22.55	23.59	24.87	26.35	28.94	31.07	33.12	35.55	38.26	39.81
甘肃	5.35	5.61	6.05	6.16	6.85	8.11	12.54	13.25	14.00	15.93	16.44	19.46	21.59	28.98	29.67	31.23	39.34
吉林	6.32	7.94	8.54	9.60	9.99	10.87	11.72	12.26	15.15	17.88	17.91	17.99	20.32	21.40	23.40	26.65	28.31
黑龙江	2.34	3.36	4.36	8.79	8.96	9.74	11.26	12.57	16.42	20.01	24.01	21.13	22.43	14.21	13.21	15.67	16.22
内蒙古	3.00	3.18	3.75	3.64	5.02	6.54	8.97	10.45	12.67	18.82	20.05	17.22	19.47	20.33	22.37	25.98	27.47
新疆	3.41	3.53	3.41	3.73	4.11	4.76	5.04	5.95	6.03	5.71	7.91	8.53	9.96	10.75	11.25	11.76	14.17
海南	2.64	3.30	3.36	3.70	4.07	4.25	4.44	5.02	5.61	6.52	7.00	6.27	6.54	6.33	6.20	6.59	6.77
青海	1.88	2.26	2.46	2.60	2.72	2.89	3.14	3.38	3.39	3.86	3.90	4.40	4.74	4.92	5.67	5.86	6.14
西藏	1.24	1.36	1.37	1.11	1.05	2.06	3.26	3.35	4.03	4.60	4.64	6.45	6.85	6.95	7.53	8.22	8.35
宁夏	2.27	2.28	2.29	2.31	2.32	2.33	2.82	3.03	3.04	3.14	3.84	4.23	4.88	6.64	6.15	6.25	7.12

表 5 各地区旅游收入占比(%)

地区	2000 年	2001 年	2002 年	2003 年	2004 年	2005 年	2006 年	2007 年	2008 年	2009 年	2010 年	2011 年	2012 年	2013 年	2014 年	2015 年	2016 年
北京	15.11	17.77	16.70	14.46	16.73	16.91	16.59	16.00	16.43	16.624	15.44	12.73	12.74	12.42	10.71	10.46	10.70
上海	17.16	16.13	17.85	22.11	17.78	17.02	15.89	14.70	13.90	14.83	16.06	12.38	12.44	10.06	7.90	7.27	7.343
重庆	3.17	4.15	3.87	3.98	3.79	3.91	3.87	4.05	4.84	5.45	5.84	5.63	6.41	6.00	5.37	5.45	5.64
天津	7.00	7.20	7.51	8.64	7.59	7.59	9.83	8.76	9.00	9.57	9.21	6.20	6.47	6.82	6.44	6.76	6.60
广东	25.44	25.30	26.35	27.40	24.32	24.49	23.72	22.40	23.00	23.78	24.22	21.49	22.37	22.76	24.73	25.09	24.64
山东	9.13	9.89	10.97	11.74	11.91	13.51	14.50	15.09	17.28	19.00	19.48	16.60	17.45	17.57	16.60	17.10	17.10
江苏	14.02	14.58	16.12	21.45	20.50	23.02	24.51	24.71	27.35	28.29	29.84	24.56	24.77	23.79	21.83	21.91	21.74
四川	5.68	6.22	6.83	8.56	8.27	9.38	10.96	11.10	9.41	11.41	12.01	10.88	12.66	13.14	13.11	15.03	16.20
浙江	10.23	11.58	12.45	15.72	14.76	17.56	18.91	18.49	19.39	20.49	19.48	18.13	18.53	18.76	16.89	17.28	17.25
河南	7.84	7.66	7.51	7.08	8.33	10.41	11.63	12.34	13.72	15.38	14.53	12.45	12.98	9.74	11.70	12.19	12.28
湖北	6.19	6.98	7.22	6.95	5.94	6.09	5.98	5.80	6.39	7.76	7.64	8.85	10.15	10.87	10.06	10.44	10.38
湖南	3.19	4.20	4.41	6.02	5.43	5.90	6.58	6.68	7.34	8.52	9.08	7.93	8.62	9.09	8.17	8.99	10.03
安徽	3.53	3.72	3.88	4.02	3.88	4.01	4.60	5.25	6.30	7.04	7.33	8.44	10.10	10.20	9.19	9.97	10.51
陕西	3.22	3.24	3.24	3.20	3.04	4.59	4.59	4.53	5.20	5.92	6.26	5.88	6.61	7.23	6.75	7.27	8.13
江西	2.88	3.12	3.33	4.04	3.52	4.16	4.37	4.23	4.62	5.22	5.20	4.91	5.41	6.43	7.13	8.78	10.64
河北	3.37	3.42	3.29	4.20	5.12	5.51	5.48	5.29	4.78	5.50	5.82	5.42	6.13	6.81	6.86	8.314	9.92

续表

地区	2000年	2001年	2002年	2003年	2004年	2005年	2006年	2007年	2008年	2009年	2010年	2011年	2012年	2013年	2014年	2015年	2016年
山西	1.77	1.73	1.69	2.07	2.28	3.79	4.79	5.30	6.37	6.91	6.90	5.96	7.00	7.81	7.63	8.34	9.05
贵州	3.21	2.982	2.734	2.91	2.45	3.26	4.33	4.67	5.63	6.24	6.75	6.35	7.18	8.03	7.76	8.47	10.70
广西	3.65	3.58	3.85	5.15	4.34	4.09	4.09	4.05	6.75	6.31	6.06	5.67	6.40	6.97	6.97	7.87	8.93
辽宁	6.01	6.65	7.31	8.96	5.40	9.55	10.86	11.92	15.01	17.24	17.11	14.82	15.21	15.75	14.18	9.26	9.00
云南	5.27	5.14	5.20	6.28	5.39	5.59	2.23	5.10	5.70	6.28	6.79	5.77	6.57	7.15	7.146	7.94	10.07
福建	6.93	6.92	7.62	7.93	8.05	7.52	7.76	7.64	8.74	8.78	8.51	7.10	7.40	7.75	7.25	7.62	8.39
甘肃	0.45	0.62	0.61	0.60	0.75	0.787	0.88	1.01	1.18	1.49	1.51	1.48	1.92	2.10	2.09	2.36	2.60
吉林	1.68	1.67	2.07	2.90	2.69	2.94	3.04	3.19	3.88	4.50	4.66	4.13	4.54	5.00	4.84	5.60	6.17
黑龙江	2.99	3.42	3.56	4.55	3.65	3.64	3.92	3.91	4.85	5.03	5.62	4.85	5.02	3.32	2.85	3.29	3.41
内蒙古	0.89	1.20	1.42	1.88	2.05	3.19	3.13	3.56	4.04	4.73	4.69	3.95	4.35	4.75	4.83	5.46	5.78
新疆	1.54	1.56	1.47	1.93	1.67	1.78	1.76	1.85	1.78	1.43	2.32	1.95	2.22	2.28	1.74	2.47	2.98
海南	1.83	1.74	1.71	1.91	1.62	1.62	1.58	1.56	1.65	1.64	1.64	1.44	1.46	0.77	0.69	1.38	1.42
青海	0.23	0.26	0.37	0.31	0.293	0.33	0.39	0.43	0.40	0.46	0.44	0.55	0.61	0.68	0.66	0.60	0.66
西藏	0.05	0.06	0.17	0.21	0.22	0.36	0.54	0.29	0.48	0.55	0.61	0.56	0.63	0.69	0.54	0.67	0.70
宁夏	0.21	0.20	0.21	0.20	0.22	0.23	0.28	0.28	0.34	0.41	0.43	0.37	0.39	0.43	0.37	0.38	0.44

表 6　无量纲化处理结果

地区	2000 年	2001 年	2002 年	2003 年	2004 年	2005 年	2006 年	2007 年	2008 年	2009 年	2010 年	2011 年	2012 年	2013 年	2014 年	2015 年	2016 年
北京	2.34	2.44	1.95	−0.03	0.03	0.28	0.51	1.27	1.58	1.27	0.97	0.72	−0.15	−0.41	−0.23	0.18	0.45
上海	1.87	1.48	1.95	0.06	0.23	0.65	0.11	1.33	0.51	0.58	0.39	0.17	−0.07	−0.29	−0.17	0.38	0.02
重庆	−0.12	0.08	−0.06	0.32	0.44	0.06	−0.09	−0.10	−0.13	−0.17	−0.23	−0.23	0.34	0.39	0.39	0.24	−0.06
天津	−0.20	−0.30	−0.09	−0.76	−0.74	−0.57	−0.38	−0.25	−0.15	−0.21	−0.30	−0.40	−0.76	−0.82	−0.74	−0.65	−0.48
广东	1.07	1.48	1.30	0.38	0.33	0.56	0.72	1.21	1.14	1.00	0.83	0.69	0.18	0.58	0.68	0.41	0.62
山东	1.35	1.34	1.33	1.78	1.68	2.22	1.79	1.27	1.36	1.52	1.53	1.52	1.75	1.60	1.78	1.80	1.91
江苏	1.43	1.41	2.06	1.70	1.99	1.87	2.53	2.56	2.26	2.25	2.15	2.67	1.58	1.46	1.59	2.30	2.04
四川	0.87	0.93	0.84	1.58	1.63	1.11	0.97	1.27	1.60	1.56	1.74	1.51	1.55	1.09	1.44	1.37	1.15
浙江	1.35	1.28	1.21	1.57	1.73	1.90	2.04	1.66	1.82	2.00	2.16	2.08	1.60	1.48	1.60	1.79	1.93
河南	0.67	0.52	0.39	0.96	0.94	1.06	1.23	0.13	0.55	0.68	0.88	1.06	0.95	1.01	1.05	0.91	1.24
湖北	0.75	0.66	0.53	0.94	0.82	0.26	0.14	0.31	0.26	0.18	0.09	0.09	1.03	0.96	1.01	0.65	0.28
湖南	0.43	0.32	0.25	0.65	0.52	0.45	0.27	0.40	0.19	0.08	0.20	0.17	0.70	0.92	0.81	0.49	0.37
安徽	−0.24	−0.27	−0.29	0.52	0.47	0.00	−0.09	−0.37	−0.35	−0.42	−0.31	−0.26	0.53	0.74	0.66	0.29	−0.05
陕西	−0.20	−0.27	−0.31	0.17	0.05	−0.09	−0.21	−0.40	−0.40	−0.15	−0.17	−0.23	0.25	0.38	0.36	−0.06	−0.15
江西	−0.44	−0.44	−0.45	−0.05	−0.15	−0.45	−0.39	−0.37	−0.42	−0.36	−0.35	−0.39	0.14	0.48	0.36	−0.24	−0.40
河北	−0.36	−0.37	−0.31	0.09	0.03	−0.09	−0.13	−0.04	0.36	0.27	0.18	0.06	0.12	0.47	0.29	−0.03	−0.07

续表

地区	2000年	2001年	2002年	2003年	2004年	2005年	2006年	2007年	2008年	2009年	2010年	2011年	2012年	2013年	2014年	2015年	2016年
山西	-0.28	-0.37	-0.43	-0.03	-0.23	-0.23	-0.15	-0.34	-0.08	-0.05	-0.09	-0.16	0.07	0.34	0.23	-0.31	-0.24
贵州	-0.64	-0.71	-0.77	0.12	-0.08	-0.25	-0.34	-0.85	-0.81	-0.78	-0.59	-0.47	0.18	0.76	0.23	-0.17	-0.28
广西	-0.08	0.11	0.05	-0.08	0.03	-0.12	-0.05	0.19	-0.06	-0.09	-0.10	-0.14	0.00	0.20	0.07	-0.13	-0.08
辽宁	0.27	0.32	0.39	0.94	0.97	1.26	1.23	0.49	0.55	0.68	0.92	1.00	0.97	0.23	0.06	1.09	1.36
云南	-0.08	0.18	0.08	0.60	0.40	0.41	0.01	0.19	0.07	0.08	0.00	-0.04	0.54	0.30	0.03	0.33	0.58
福建	-0.20	-0.23	-0.23	-0.35	-0.41	-0.36	-0.26	-0.22	-0.25	-0.21	-0.21	-0.20	-0.31	-0.24	-0.26	-0.41	-0.31
甘肃	-1.20	-1.19	-1.16	-0.97	-1.02	-1.08	-1.09	-1.21	-1.20	-1.20	-1.14	-1.05	-0.91	-0.83	-0.84	-1.04	-1.10
吉林	-0.68	-0.64	-0.68	-0.95	-0.94	-0.86	-0.81	-0.67	-0.76	-0.82	-0.86	-0.85	-0.94	-0.94	-0.91	-0.90	-0.85
黑龙江	-0.32	-0.37	-0.43	-0.82	-0.63	-0.35	-0.29	-0.31	-0.42	-0.49	-0.49	-0.43	-0.91	-1.04	-0.97	-0.53	-0.22
内蒙古	-1.12	-1.13	-1.05	-1.18	-1.14	-1.05	-0.97	-1.09	-1.03	-0.97	-0.96	-0.95	-1.19	-1.25	-1.20	-1.08	-1.03
新疆	-1.08	-1.13	-1.10	-1.28	-1.22	-1.19	-1.13	-1.06	-1.10	-1.11	-1.12	-1.08	-1.34	-1.33	-1.33	-1.19	-1.25
海南	-1.08	-1.06	-1.05	-1.37	-1.33	-1.24	-1.14	-1.03	-1.08	-1.11	-1.14	-1.13	-1.35	-1.43	-1.37	-1.26	-1.22
青海	-1.32	-1.30	-1.27	-1.49	-1.44	-1.37	-1.30	-1.27	-1.30	-1.30	-1.28	-1.10	-1.51	-1.58	-1.53	-1.39	-1.36
西藏	-1.40	-1.40	-1.36	-1.52	-1.48	-1.42	-1.39	-1.36	-1.40	-1.38	-1.37	-1.33	-1.53	-1.60	-1.54	-1.43	-1.43
宁夏	-1.36	-1.37	-1.30	-1.49	-1.47	-1.39	-1.33	-1.33	-1.32	-1.32	-1.33	-1.29	-1.53	-1.61	-1.55	-1.40	-1.39

附录二　31个省(区、市)数据计算①

北　京

1. 2000～2002年北京游客量呈现近似上升的直线(参与期)

Dependent Variable：Y

Method：Least Squares

Date：02/13/18　　Time：09: 05

Sample：2000　2002

Included observations：3

Weighting series：1/ABS(RESID)

Weight type：Inverse standard deviation(EViews default scaling)

No d.f. adjustment for standard errors & covariance

Variable	Coefficient	Std. Error	t-Statistic	Prob.
C	0.835504	0.007383	113.1729	0.0056
X	0.115000	0.003304	34.80487	0.0183
Weighted Statistics				
R-squared	0.997530	Mean dependent var		10.51410
Adjusted R-squared	0.995059	S.D. dependent var		8.392272
S.E. of regression	0.011426	Akaike info criterion		−5.871122
Sum squared resid	0.000131	Schwarz criterion		−6.472047
Log likelihood	10.80668	Hannan-Quinn criter.		−7.079058
F-statistic	403.7929	Durbin-Watson stat		2.240310
Prob(F-statistic)	0.031655	Weighted mean dep.		1.065504
Unweighted Statistics				
R-squared	0.857850	Mean dependent var		1.086667
Adjusted R-squared	0.715700	S.D. dependent var		0.120968
S.E. of regression	0.064500	Sum squared resid		0.004160
Durbin-Watson stat	2.031124			

Y=0.115000X+0.835504X　　R^2=0.997530

注：由于受到SARS(severe acute respiratory syndrome，严重急性呼吸综合征)的影响，2003年旅游人数大幅下降，2004年开始反弹，对2000～2002年数据进行分析，SARS过后的数据归入发展期。

① 部分省(区、市)处于发展阶段，现有数据无法进行整个生命周期发展阶段的拟合，所以本书不进行详细说明。

2003 年在 SARS 的影响下游客量持续增长的发展趋势被中断，因此在游客量演化方面呈现出新的趋势。

2. 2003～2009 年游客量有明显的增长趋势，但在 2008～2009 年出现阶段性停滞(发展期)

Dependent Variable：Y

Method：Least Squares

Date：02/13/18 Time：09: 41

Sample：2003 2008

Included observations：6

Weighting series：1/ABS (RESID)

Weight type：Inverse variance (average scaling)

No d.f. adjustment for standard errors & covariance

Variable	Coefficient	Std. Error	t-Statistic	Prob.
C	−0.516432	0.191568	−2.695822	0.0740
X	0.466476	0.058063	8.033914	0.0040
X^2	−0.027415	0.004211	−6.510141	0.0074

Weighted Statistics

R-squared	0.977570	Mean dependent var	1.239213
Adjusted R-squared	0.962616	S.D. dependent var	0.658710
S.E. of regression	0.033658	Akaike info criterion	−3.638276
Sum squared resid	0.003399	Schwarz criterion	−3.742396
Log likelihood	13.91483	Hannan-Quinn criter.	−4.055078
F-statistic	65.37361	Durbin-Watson stat	2.603895
Prob (F-statistic)	0.003359	Weighted mean dep.	1.368203

Unweighted Statistics

R-squared	0.945490	Mean dependent var	1.283333
Adjusted R-squared	0.909150	S.D. dependent var	0.214258
S.E. of regression	0.064580	Sum squared resid	0.012512
Durbin-Watson stat	2.412195		

Y=−0.516432+0.466476X−0.027415X^2 R^2=0.977570

3. 2009～2012年游客量重新进入新的上升阶段(发展期)

Dependent Variable：*Y*

Method：Least Squares

Date：02/27/18　　Time：21:36

Sample：2009　2012

Included observations：4

Variable	Coefficient	Std. Error	*t*-Statistic	Prob.
C	0.703381	0.275156	3.776431	0.0129
X	0.000000	0.140286	3.778421	0.0129
X^2	0.009664	0.015216	−2.437103	0.0589
R-squared	0.984980	Mean dependent var		2.478950
Adjusted *R*-squared	0.946796	S.D. dependent var		0.540482
S.E. of regression	0.127324	Akaike info criterion		−0.127958
Sum squared resid	0.194486	Schwarz criterion		−0.099167
Log likelihood	3.513832	Hannan-Quinn criter.		−0.329883
F-statistic	23.77547	Durbin-Watson stat		1.911436
Prob(*F*-statistic)	0.002792			

Y=0.703381+0.009664X^2　　R^2=0.984980

4. 2013～2016年(巩固期)

Dependent Variable：*Y*

Method：Least Squares

Date：02/13/18　　Time：11:25

Sample：2013　2016

Included observations：4

No d.f. adjustment for standard errors & covariance

Variable	Coefficient	Std. Error	*t*-Statistic	Prob.
C	2.400000	0.024900	96.38632	0.0066
X	0.121000	0.022716	5.326728	0.0181
X^2	−0.005000	0.004472	−1.118034	0.0046
R-squared	0.993118	Mean dependent var		2.665000
Adjusted *R*-squared	0.979355	S.D. dependent var		0.124499
S.E. of regression	0.017889	Akaike info criterion		−5.095607
Sum squared resid	0.000320	Schwarz criterion		−5.555886
Log likelihood	13.19121	Hannan-Quinn criter.		−6.105655
F-statistic	72.15625	Durbin-Watson stat		3.400000
Prob(*F*-statistic)	0.082956			

Y=2.400000+0.121000X−0.005000X^2　　R^2=0.993118

2013～2016 年游客量增长的加速度由正变负，因此有出现阶段性顶部的可能，即游客量增长出现停滞阶段。

依据上述最小二乘得出的结果可知，该阶段游客量的表达式为

$$N=-0.005X^2+0.121X+2.4$$

即 $A=2.4$

$B=0.121$

$C=-0.005$

由公式可计算得出达到最大游客量的时间和最大的游客量：

$$T=|-B/2C|\approx 12$$

从 2013 年起，第 13 年应该是 2025 年，此时 $N_m=N_0+B^2/4C\approx 2.4+0.73=3.13$。可以预测，北京市在 2025 年前后游客量将达到最大，最大游客量将达到 3.13 亿人左右，$N=N_m/2=1.565$ 时为旅游地发展的最佳阶段，基本上等于 2007 年的游客量。

上　海

1. 2000～2005 年除 2003 年 SARS 对于旅游业产生影响，上海游客量呈现近似上升的直线(参与期)

Dependent Variable：Y

Method：Least Squares

Date：02/27/18　Time：20: 13

Sample：2000　2005

Included observations：6

Weighting series：1/ABS (RESID)

Weight type：Inverse standard deviation (EViews default scaling)

Variable	Coefficient	Std. Error	t-Statistic	Prob.
C	0.760123	0.007044	107.9056	0.0000
X	0.030289	0.002212	13.69036	0.0002

Weighted Statistics

R-squared	0.979104	Mean dependent var	5.858468
Adjusted R-squared	0.973880	S.D. dependent var	5.997225
S.E. of regression	0.010165	Akaike info criterion	−6.078592
Sum squared resid	0.000413	Schwarz criterion	−6.148005
Log likelihood	20.23577	Hannan-Quinn criter.	−6.356460
F-statistic	187.4261	Durbin-Watson stat	1.693279

Prob (*F*-statistic)	0.000165	Weighted mean dep.	0.842885
Unweighted Statistics			
R-squared	0.621988	Mean dependent var	0.855000
Adjusted *R*-squared	0.527485	S.D. dependent var	0.068044
S.E. of regression	0.046773	Sum squared resid	0.008751
Durbin-Watson stat	1.918512		

Y=0.760123+0.030289X R^2=0.979104

2003年在SARS的影响之下游客量持续增长的发展趋势被中断，但总体来看2000～2005年游客量保持直线增长趋势且方程的拟合性较好。

2. 2006～2010年游客量有明显的增长趋势(发展期)

Dependent Variable：Y

Method：Least Squares

Date：02/27/18 Time：21: 33

Sample：2006 2010

Included observations：5

Weighting series：1/ABS (RESID)

Weight type：Inverse standard deviation (EViews default scaling)

Variable	Coefficient	Std. Error	*t*-Statistic	Prob.
C	1.338541	0.176570	7.580786	0.0170
X	−0.407575	0.136247	−2.991446	0.0959
X^2	0.116083	0.022886	5.072193	0.0367
Weighted Statistics				
R-squared	0.979794	Mean dependent var		26.15608
Adjusted *R*-squared	0.959588	S.D. dependent var		51.00124
S.E. of regression	0.102967	Akaike info criterion		−1.425102
Sum squared resid	0.021205	Schwarz criterion		−1.659439
Log likelihood	6.562756	Hannan-Quinn criter.		−2.054040
F-statistic	48.49053	Durbin-Watson stat		2.400558
Prob (*F*-statistic)	0.020206	Weighted mean dep.		1.307282
Unweighted Statistics				
R-squared	0.916502	Mean dependent var		1.362000
Adjusted *R*-squared	0.833003	S.D. dependent var		0.495550
S.E. of regression	0.202508	Sum squared resid		0.082019
Durbin-Watson stat	2.204271			

Y=1.338541−0.407575X+0.116083X^2 R^2=0.979794

3. 2009～2016 年(巩固期)

Dependent Variable：*Y*

Method：Least Squares

Date：02/27/18　Time：21: 36

Sample：2009　2016

Included observations：8

Variable	Coefficient	Std. Error	*t*-Statistic	Prob.
C	2.039107	0.275156	3.776431	0.0129
X	0.530060	0.140286	3.778421	0.0129
X^2	−0.037083	0.015216	−2.437103	0.0589

R-squared	0.904854	Mean dependent var	2.478750
Adjusted *R*-squared	0.866796	S.D. dependent var	0.540382
S.E. of regression	0.197224	Akaike info criterion	−0.128958
Sum squared resid	0.194486	Schwarz criterion	−0.099167
Log likelihood	3.515832	Hannan-Quinn criter.	−0.329883
F-statistic	23.77547	Durbin-Watson stat	1.911436
Prob(*F*-statistic)	0.002792		

Y=2.039107+0.530060X−0.037083X^2　R^2=0.904854

注：由于 2008 年的金融危机影响，2009 年旅游划入发展期，巩固期从 2010 年开始。

2009～2016 年游客量增长的加速度由正变负，因此有出现阶段性顶部的可能，即游客量增长出现停滞阶段。

依据上述最小二乘得出的结果可知，该阶段游客量的表达式为

$$N=-0.037X^2+0.53X+2.039$$

即 A=2.039

B=0.53

C=−0.037

由公式可计算得出达到最大游客量的时间和最大的游客量：

$$T=|-B/2C|\approx 7$$

此时 $N_m=N_0+B^2/4C\approx 3.94$。可以预测，上海市在 2016 年前后游客量将达到阶段性最大，最大游客量将达到 3.94 亿人左右。

$N=N_m/2=1.97$ 时为旅游地发展的最佳阶段，2010 年上海世博会的举办对游客量的增加有一定的拉动作用，可以大致认为与 2010 年的游客量较为接近，即此时为上海旅游发展的最佳阶段。

重　庆

1. 2000～2005 年除 2003 年 SARS 对于旅游业产生影响，重庆游客量呈现近似上升的直线(参与期)

Dependent Variable：Y

Method：Least Squares

Date：03/03/18　Time：08: 54

Sample：2000　2005

Included observations：6

Variable	Coefficient	Std. Error	t-Statistic	Prob.
C	0.310000	0.032345	9.584210	0.0007
X	0.045714	0.008305	5.504167	0.0053
R-squared	0.883368	Mean dependent var		0.470000
Adjusted R-squared	0.854210	S.D. dependent var		0.090995
S.E. of regression	0.034744	Akaike info criterion		−3.620420
Sum squared resid	0.004829	Schwarz criterion		−3.689834
Log likelihood	12.86126	Hannan-Quinn criter.		−3.898288
F-statistic	30.29586	Durbin-Watson stat		2.166948
Prob (F-statistic)	0.005314			

Y=0.310000+0.045714X　R^2=0.883368

2003 年在 SARS 的影响之下游客量持续增长的发展趋势被中断，但总体上 2000～2005 年游客量保持直线增长趋势且方程的拟合性较好。

2. 2005～2011 年游客量有明显的增长趋势(发展期)

Dependent Variable：Y

Method：Least Squares

Date：03/03/18　Time：08: 59

Sample：2005　2011

Included observations：7

Variable	Coefficient	Std. Error	t-Statistic	Prob.
C	0.708571	0.093069	7.613370	0.0016
X	−0.120238	0.053337	−2.254307	0.0872

X^2	0.046905	0.006516	7.198223	0.0020

R-squared	0.992936	Mean dependent var	1.165714
Adjusted *R*-squared	0.989405	S.D. dependent var	0.580197
S.E. of regression	0.059722	Akaike info criterion	−2.500720
Sum squared resid	0.014267	Schwarz criterion	−2.523901
Log likelihood	11.75252	Hannan-Quinn criter.	−2.787237
F-statistic	281.1455	Durbin-Watson stat	1.775145
Prob (*F*-statistic)	0.000050		

Y=0.708571−0.120238X+0.046905X^2　　R^2=0.992936

3. 2011～2015 年(巩固期)

Dependent Variable：*Y*

Method：Least Squares

Date：03/03/18　　Time：09: 01

Sample：2011　2015

Included observations：5

Variable	Coefficient	Std. Error	*t*-Statistic	Prob.
C	1.590000	0.027129	58.60818	0.0003
X	0.676000	0.020674	32.69753	0.0009
X^2	−0.050000	0.003381	−14.79020	0.0045

R-squared	0.999779	Mean dependent var	3.068000
Adjusted *R*-squared	0.999558	S.D. dependent var	0.601889
S.E. of regression	0.012649	Akaike info criterion	−5.618750
Sum squared resid	0.000320	Schwarz criterion	−5.853088
Log likelihood	17.04688	Hannan-Quinn criter.	−6.247688
F-statistic	4527.375	Durbin-Watson stat	3.450000
Prob (*F*-statistic)	0.000221		

Y=1.590000+0.676000X−0.050000X^2　　R^2=0.999779

2011～2015年游客量增长的加速度由正变负，因此有出现阶段性顶部的可能，即游客量增长出现停滞阶段。

依据上述最小二乘得出的结果可知，该阶段游客量的表达式为

$$N=-0.05X^2+0.676X+1.59$$

即 A=1.59

B=0.676

C=−0.05

由公式可计算得出达到最大游客量的时间和最大的游客量：

$$T=|-B/2C|\approx 7$$

此时 $N_m=N_0+B^2/4C\approx 3.87$。可以预测，重庆市在 2018 年前后游客量将达到阶段性最大，最大游客量将达到 3.87 亿人左右。

$N=N_m/2=1.935$ 时为旅游地发展的最佳阶段，大致认为 2010 年的游客量较为接近，即此时为重庆市旅游环境税征收的最佳阶段。

广　　东

1. 2000～2002 年广东省游客量呈现近似上升的直线(参与期)

Dependent Variable：*Y*

Method：Least Squares

Date：03/03/18　　Time：09: 56

Sample：2000　2002

Included observations：3

Weighting series：1/ABS(RESID)

Weight type：Inverse standard deviation(EViews default scaling)

Variable	Coefficient	Std. Error	*t*-Statistic	Prob.
C	0.476667	0.044222	10.77903	0.0589
X	0.160000	0.020000	8.000000	0.0792

Weighted Statistics

R-squared	0.984615	Mean dependent var	1.792500
Adjusted *R*-squared	0.969231	S.D. dependent var	1.109468
S.E. of regression	0.033941	Akaike info criterion	−3.693658
Sum squared resid	0.001152	Schwarz criterion	−4.294583
Log likelihood	7.540486	Hannan-Quinn criter.	−4.901594
F-statistic	64.00000	Durbin-Watson stat	2.777778
Prob(*F*-statistic)	0.079167	Weighted mean dep.	0.796667

Unweighted Statistics

R-squared	0.945274	Mean dependent var	0.810000
Adjusted *R*-squared	0.890547	S.D. dependent var	0.163707
S.E. of regression	0.054160	Sum squared resid	0.002933
Durbin-Watson stat	2.454545		

$Y=0.476667+0.160000X$　　$R^2=0.984615$

广东省总体在2000～2002年游客量保持直线增长趋势且方程的拟合性较好。

2. 2003～2010年游客量有明显的增长趋势(发展期)

Dependent Variable: Y

Method: Least Squares

Date: 03/03/18　Time: 10: 00

Sample: 2003　2010

Included observations: 8

Variable	Coefficient	Std. Error	t-Statistic	Prob.
C	0.829107	0.054752	15.14308	0.0000
X	0.068512	0.027915	2.454336	0.0576
X^2	0.011131	0.003028	3.676290	0.0143

R-squared	0.993707	Mean dependent var	1.421250
Adjusted R-squared	0.991190	S.D. dependent var	0.418106
S.E. of regression	0.039244	Akaike info criterion	−3.358022
Sum squared resid	0.007701	Schwarz criterion	−3.328232
Log likelihood	16.43209	Hannan-Quinn criter.	−3.558948
F-statistic	394.7704	Durbin-Watson stat	1.963735
Prob (F-statistic)	0.000003		

$Y=0.829107+0.068512X+0.011131X^2$　$R^2=0.993707$

3. 2010～2015年(巩固期)

Dependent Variable: Y

Method: Least Squares

Date: 03/03/18　Time: 10: 14

Sample: 2010　2015

Included observations: 6

Variable	Coefficient	Std. Error	t-Statistic	Prob.
C	1.899000	0.084597	22.44773	0.0002
X	0.535107	0.055345	9.668510	0.0023
X^2	−0.022321	0.007740	−2.883984	0.0633

R-squared	0.997356	Mean dependent var	3.433333
Adjusted R-squared	0.995593	S.D. dependent var	0.712339
S.E. of regression	0.047291	Akaike info criterion	−2.958145
Sum squared resid	0.006709	Schwarz criterion	−3.062265

Log likelihood	11.87444	Hannan-Quinn criter.	−3.374947
F-statistic	565.7288	Durbin-Watson stat	2.800056
Prob(F-statistic)	0.000136		

Y=1.899000+0.535107X−0.022321X^2 R^2=0.997356

2010～2015年游客量增长的加速度由正变负，因此有出现阶段性顶部的可能，即游客量增长出现停滞阶段。

依据上述最小二乘得出的结果可知，该阶段游客量的表达式为

$$N=-0.022X^2+0.535X+1.899$$

即 A=1.899

B=0.535

C=−0.022

由公式可计算得出达到最大游客量的时间和最大的游客量：

$$T=|-B/2C|\approx 12$$

此时 $N_m=N_0+B^2/4C\approx 5.15$。可以预测，广东省在2022年前后游客量将达到阶段性最大，最大游客量将达到5.15亿人左右。

$N=N_m/2=2.575$ 时为旅游地发展的最佳阶段，大致认为2011年的游客量较为接近，即此时为广东省旅游环境税征收的最佳阶段。

山 东

1. 2000～2004年山东省游客量呈现近似上升的直线(参与期)

Dependent Variable：Y

Method：Least Squares

Date：03/03/18 Time：10: 28

Sample：2000 2004

Included observations：5

Variable	Coefficient	Std. Error	t-Statistic	Prob.
C	0.612000	0.079507	7.697454	0.0046
X	0.096000	0.023972	4.004638	0.0279
R-squared	0.842413	Mean dependent var		0.900000
Adjusted R-squared	0.789884	S.D. dependent var		0.165378
S.E. of regression	0.075807	Akaike info criterion		−2.032084
Sum squared resid	0.017240	Schwarz criterion		−2.188309

Log likelihood	7.080210	Hannan-Quinn criter.	−2.451376
F-statistic	16.03712	Durbin-Watson stat	3.154524
Prob (*F*-statistic)	0.027924		

Y=0.612000+0.096000X　　R^2=0.842413

山东省除 2003 年受 SARS 影响，游客量有所降低之外，总体在 2000～2004 年保持直线增长趋势且方程的拟合性较好。

2. 2002～2010 年游客量有明显的增长趋势(发展期)

Dependent Variable：*Y*

Method：Least Squares

Date：03/03/18　Time：10: 37

Sample：2002　2010

Included observations：9

Weighting series：1/ABS (RESID)

Weight type：Inverse standard deviation (EViews default scaling)

Variable	Coefficient	Std. Error	*t*-Statistic	Prob.
C	0.999475	0.028666	34.86630	0.0000
X	−0.082193	0.023446	−3.505638	0.0127
X^2	0.042341	0.003211	13.18619	0.0000
Weighted Statistics				
R-squared	0.998826	Mean dependent var		9.465091
Adjusted *R*-squared	0.998434	S.D. dependent var		13.34045
S.E. of regression	0.030989	Akaike info criterion		−3.849160
Sum squared resid	0.005762	Schwarz criterion		−3.783419
Log likelihood	20.32122	Hannan-Quinn criter.		−3.991030
F-statistic	2551.550	Durbin-Watson stat		1.691033
Prob (*F*-statistic)	0.000000	Weighted mean dep.		1.708866
Unweighted Statistics				
R-squared	0.991282	Mean dependent var		1.924444
Adjusted *R*-squared	0.988376	S.D. dependent var		0.996508
S.E. of regression	0.107440	Sum squared resid		0.069260
Durbin-Watson stat	1.917901			

Y=0.999475−0.082193X+0.042341X^2　　R^2=0.998826

3. 2010～2016 年(巩固期)

Dependent Variable：Y

Method：Least Squares

Date：03/03/18 Time：10: 50

Sample：2009 2016

Included observations：8

Variable	Coefficient	Std. Error	t-Statistic	Prob.
C	2.248393	0.134012	16.77752	0.0000
X	0.785536	0.068325	11.49704	0.0001
X^2	−0.025179	0.007411	−3.397508	0.0193

R-squared	0.996524	Mean dependent var	5.141250
Adjusted R-squared	0.995134	S.D. dependent var	1.377030
S.E. of regression	0.096056	Akaike info criterion	−1.567771
Sum squared resid	0.046134	Schwarz criterion	−1.537981
Log likelihood	9.271084	Hannan-Quinn criter.	−1.768697
F-statistic	716.7910	Durbin-Watson stat	2.467138
Prob (F-statistic)	0.000001		

Y=2.248393+0.785536X−0.025179X^2 R^2=0.996524

2009～2016 年游客量增长的加速度由正变负，因此有出现阶段性顶部的可能，即游客量增长出现停滞阶段。

依据上述最小二乘得出的结果可知，该阶段游客量的表达式为

$$N=-0.025X^2+0.7855X+2.248$$

即 A=2.248

B=0.7855

C=−0.025

由公式可计算得出达到最大游客量的时间和最大的游客量：

$$T=|-B/2C|\approx 16$$

此时 $N_m=N_0+B^2/4C\approx 8.43$。可以预测，山东省在 2025 年前后游客量将达到阶段性最大，最大游客量将达到 8.43 亿人左右。

$N=N_m/2=4.215$ 时为旅游地发展的最佳阶段，大致认为 2011 年的游客量较为接近，即此时为山东省旅游环境税征收的最佳阶段。

江 苏

1. 2000～2004 年江苏省游客量呈现近似直线的上升，除 2003 年受 SARS 影响游客量有所下降(参与期)

Dependent Variable：*Y*

Method：Least Squares

Date：03/03/18 Time：10: 57

Sample：2000 2006

Included observations：7

Variable	Coefficient	Std. Error	*t*-Statistic	Prob.
C	0.472857	0.054060	8.746947	0.0003
X	0.217143	0.012088	17.96334	0.0000
R-squared	0.984741	Mean dependent var		1.341429
Adjusted *R*-squared	0.981690	S.D. dependent var		0.472702
S.E. of regression	0.063964	Akaike info criterion		−2.426028
Sum squared resid	0.020457	Schwarz criterion		−2.441482
Log likelihood	10.49110	Hannan-Quinn criter.		−2.617039
F-statistic	322.6816	Durbin-Watson stat		2.917897
Prob(*F*-statistic)	0.000010			

Y=0.472857+0.217143X R^2=0.984741

注：由于 2003 年的 SARS，考虑 2004 年的数据反弹，故多用两年数据进行拟合，测算 2000～2004 年的变化。2004～2011 年的拟合趋势比 2000～2006 年的拟合趋势更好，故以 2004 年为节点。

江苏省除 2003 年受 SARS 影响，游客量有所降低，在 2000～2004 年总体保持直线增长趋势且方程的拟合性较好。

2. 2004～2011 年游客量有明显的增长趋势(发展期)

Dependent Variable：*Y*

Method：Least Squares

Date：03/03/18 Time：11: 08

Sample：2004 2011

Included observations：8

Weighting series：1/ABS(RESID)

Weight type：Inverse standard deviation(EViews default scaling)

Variable	Coefficient	Std. Error	t-Statistic	Prob.
C	1.411327	0.058609	24.08054	0.0000
X	0.087543	0.032464	2.696624	0.0430
X^2	0.039885	0.004234	9.419534	0.0002
Weighted Statistics				
R-squared	0.997067	Mean dependent var		3.641677
Adjusted R-squared	0.995893	S.D. dependent var		1.385053
S.E. of regression	0.033878	Akaike info criterion		−3.652077
Sum squared resid	0.005739	Schwarz criterion		−3.622286
Log likelihood	17.60831	Hannan-Quinn criter.		−3.853002
F-statistic	849.7599	Durbin-Watson stat		2.146998
Prob (F-statistic)	0.000000	Weighted mean dep.		2.036415
Unweighted Statistics				
R-squared	0.992094	Mean dependent var		2.826250
Adjusted R-squared	0.988932	S.D. dependent var		1.129133
S.E. of regression	0.118790	Sum squared resid		0.070556
Durbin-Watson stat	2.261994			

Y=1.411327+0.087543X+0.039885X^2 R^2=0.997067

3. 2011～2015年(巩固期)

Dependent Variable: Y

Method: Least Squares

Date: 03/03/18 Time: 11: 13

Sample: 2010 2015

Included observations: 6

Variable	Coefficient	Std. Error	t-Statistic	Prob.
C	2.997000	0.270867	11.06445	0.0016
X	0.996750	0.177209	5.624719	0.0111
X^2	−0.084107	0.024782	−3.393904	0.0427
R-squared	0.978810	Mean dependent var		5.210000
Adjusted R-squared	0.964683	S.D. dependent var		0.805729
S.E. of regression	0.151419	Akaike info criterion		−0.630673
Sum squared resid	0.068784	Schwarz criterion		−0.734793
Log likelihood	4.892018	Hannan-Quinn criter.		−1.047475
F-statistic	69.28725	Durbin-Watson stat		2.203855
Prob (F-statistic)	0.003085			

Y=2.997000+0.996750X−0.084107X^2 R^2=0.978810

2011～2015年游客量增长的加速度由正变负，因此有出现阶段性顶部的可能，即游客量增长出现停滞阶段。

依据上述最小二乘得出的结果可知，该阶段游客量的表达式为

$$N=-0.084X^2+0.997X+2.997$$

即 $A=2.997$

$B=0.997$

$C=-0.084$

由公式可计算得出达到最大游客量的时间和最大的游客量：

$$T=|-B/2C|\approx 6$$

此时 $N_m=N_0+B^2/4C\approx 5.96$。可以预测，江苏省在2016年前后游客量将达到阶段性最大，最大游客量将达到5.96亿人左右。

$N=N_m/2=2.98$ 时为旅游地发展的最佳阶段，大致认为2008年的游客量较为接近，即此时为江苏省旅游环境税征收的最佳阶段。

四　川

1. 2000～2005年四川省游客量呈现近似上升的直线(参与期)

Dependent Variable：*Y*

Method：Least Squares

Date：03/03/18　Time：15: 31

Sample：2000　2005

Included observations：6

Variable	Coefficient	Std. Error	*t*-Statistic	Prob.
C	0.430000	0.033658	12.77559	0.0002
X	0.125714	0.008643	14.54595	0.0001

R-squared	0.981446	Mean dependent var	0.870000
Adjusted *R*-squared	0.976807	S.D. dependent var	0.237403
S.E. of regression	0.036154	Akaike info criterion	−3.540833
Sum squared resid	0.005229	Schwarz criterion	−3.610246
Log likelihood	12.62250	Hannan-Quinn criter.	−3.818701
F-statistic	211.5847	Durbin-Watson stat	1.203357
Prob (*F*-statistic)	0.000130		

$Y=0.430000+0.125714X$　　$R^2=0.981446$

四川省总体在 2000～2005 年，游客量保持直线增长趋势且方程的拟合性较好。

2. 2005～2010 年游客量有明显的增长趋势(发展期)

Dependent Variable：*Y*

Method：Least Squares

Date：03/03/18　Time：15: 43

Sample：2005　2012

Included observations：8

Weighting series：1/ABS (RESID)

Weight type：Inverse standard deviation (EViews default scaling)

Variable	Coefficient	Std. Error	*t*-Statistic	Prob.
C	1.639809	0.164560	9.964815	0.0002
X	−0.219426	0.091872	−2.388384	0.0625
X^2	0.072575	0.010008	7.251598	0.0008
Weighted Statistics				
R-squared	0.997513	Mean dependent var		74.55288
Adjusted *R*-squared	0.996518	S.D. dependent var		203.6691
S.E. of regression	0.008272	Akaike info criterion		−6.471957
Sum squared resid	0.000342	Schwarz criterion		−6.442166
Log likelihood	28.88783	Hannan-Quinn criter.		−6.672882
F-statistic	1002.787	Durbin-Watson stat		1.397697
Prob (*F*-statistic)	0.000000	Weighted mean dep.		3.658886
Unweighted Statistics				
R-squared	0.985517	Mean dependent var		2.492500
Adjusted *R*-squared	0.979724	S.D. dependent var		1.136307
S.E. of regression	0.161804	Sum squared resid		0.130903
Durbin-Watson stat	1.322902			

$Y=1.639809-0.219426X+0.072575X^2$　　$R^2=0.997513$

3. 2010～2016 年(巩固期)

Dependent Variable：*Y*

Method：Least Squares

Date：03/03/18　Time：15: 47

Sample：2010　2016

Included observations：7

Variable	Coefficient	Std. Error	t-Statistic	Prob.
C	1.512857	0.099655	15.18094	0.0001
X	1.280357	0.057111	22.41866	0.0000
X^2	−0.091071	0.006977	−13.05263	0.0002

R-squared	0.998229	Mean dependent var	4.812857
Adjusted R-squared	0.997344	S.D. dependent var	1.240843
S.E. of regression	0.063948	Akaike info criterion	−2.363981
Sum squared resid	0.016357	Schwarz criterion	−2.387162
Log likelihood	11.27393	Hannan-Quinn criter.	−2.650498
F-statistic	1127.555	Durbin-Watson stat	3.424423
Prob（F-statistic）	0.000003		

Y=1.512857+1.280357X−0.091071X^2　　R^2=0.998229

2010～2016年游客量增长的加速度由正变负，因此有出现阶段性顶部的可能，即游客量增长出现停滞阶段。

依据上述最小二乘得出的结果可知，该阶段游客量的表达式为

$$N=-0.091X^2+1.28X+1.512$$

即 A=1.512

B=1.28

C=−0.091

由公式可计算得出达到最大游客量的时间和最大的游客量：

$$T=|-B/2C|\approx 7$$

此时 $N_m=N_0+B^2/4C\approx 6.01$。可以预测，四川省在2017年前后游客量将达到阶段性最大，最大游客量将达到6.01亿人左右。

$N=N_m/2=3.005$ 时为旅游地发展的最佳阶段，大致认为2011年的游客量较为接近，即此时为四川省旅游环境税征收的最佳阶段。

浙　　江

1. 2000～2004年浙江省游客量呈现近似上升的直线(参与期)

Dependent Variable：Y

Method：Least Squares

Date：03/03/18　　Time：16: 11

Sample：2000　2005

Included observations：6

Variable	Coefficient	Std. Error	*t*-Statistic	Prob.
C	0.514667	0.042185	12.20029	0.0003
X	0.142000	0.010832	13.10924	0.0002
R-squared	0.977254	Mean dependent var		1.011667
Adjusted *R*-squared	0.971567	S.D. dependent var		0.268732
S.E. of regression	0.045314	Akaike info criterion		−3.089212
Sum squared resid	0.008213	Schwarz criterion		−3.158626
Log likelihood	11.26764	Hannan-Quinn criter.		−3.367080
F-statistic	171.8523	Durbin-Watson stat		1.300325
Prob (*F*-statistic)	0.000196			

Y=0.514667+0.142000X　R^2=0.977254

浙江省总体在 2000～2004 年，游客量保持直线增长趋势且方程的拟合性较好。

2. 2004～2008 年游客量有明显的增长趋势(发展期)

Dependent Variable：*Y*

Method：Least Squares

Date：03/03/18　Time：16: 20

Sample：2004　2008

Included observations：5

Weighting series：1/ABS (RESID)

Weight type：Inverse standard deviation (EViews default scaling)

Variable	Coefficient	Std. Error	*t*-Statistic	Prob.
C	1.222860	0.016598	73.67439	0.0002
X	−0.080385	0.019990	−4.021300	0.0566
X^2	0.087523	0.003483	25.12561	0.0016
Weighted Statistics				
R-squared	0.999903	Mean dependent var		91.96179
Adjusted *R*-squared	0.999806	S.D. dependent var		181.0189
S.E. of regression	0.002791	Akaike info criterion		−8.641326
Sum squared resid	1.56E-05	Schwarz criterion		−8.875663
Log likelihood	24.60331	Hannan-Quinn criter.		−9.270264
F-statistic	10333.51	Durbin-Watson stat		3.226376

Prob（*F*-statistic）	0.000097	Weighted mean dep.	1.235514
Unweighted Statistics			
R-squared	0.998707	Mean dependent var	1.946000
Adjusted *R*-squared	0.997415	S.D. dependent var	0.716854
S.E. of regression	0.036450	Sum squared resid	0.002657
Durbin-Watson stat	3.057924		

Y=1.222860−0.080385X+0.087523X^2　　R^2=0.999903

3. 2008～2014 年（巩固期）

Dependent Variable：*Y*

Method：Least Squares

Date：03/03/18　　Time：16: 26

Sample：2007　2014

Included observations：8

Variable	Coefficient	Std. Error	*t*-Statistic	Prob.
C	2.530714	0.104127	14.70039	0.0000
X	0.794524	0.053089	14.96601	0.0000
X^2	−0.035238	0.005758	−6.119570	0.0017

R-squared	0.997160	Mean dependent var	4.207500
Adjusted *R*-squared	0.996024	S.D. dependent var	1.183696
S.E. of regression	0.074636	Akaike info criterion	−2.072401
Sum squared resid	0.027852	Schwarz criterion	−2.042611
Log likelihood	11.28961	Hannan-Quinn criter.	−2.273327
F-statistic	877.8511	Durbin-Watson stat	3.467160
Prob（*F*-statistic）	0.000000		

Y=2.530714+0.794524X−0.035238X^2　　R^2=0.997160

2008～2014 年游客量增长的加速度由正变负，因此有出现阶段性顶部的可能，即游客量增长出现停滞阶段。

依据上述最小二乘得出的结果可知，该阶段游客量的表达式为

$$N=-0.035X^2+0.795X+2.531$$

即 A=2.531

B=0.795

C=−0.035

由公式可计算得出达到最大游客量的时间和最大的游客量：

$$T=|-B/2C|\approx 11$$

此时 $N_m=N_0+B^2/4C\approx 7.05$。可以预测，浙江省在2018年前后游客量将达到阶段性最大，最大游客量将达到7.05亿人左右。

$N=N_m/2=3.525$ 时为旅游地发展的最佳阶段，大致认为2010年的游客量较为接近，即此时为浙江省旅游环境税征收的最佳阶段。

河　　南

1. 2000～2004年河南省除2003年受SARS影响游客量略有降低，其他年份游客量呈现近似上升的直线(参与期)

Dependent Variable：*Y*

Method：Least Squares

Date：03/03/18　　Time：17: 06

Sample：2000　2004

Included observations：5

Weighting series：1/ABS(RESID)

Weight type：Inverse standard deviation(EViews default scaling)

Variable	Coefficient	Std. Error	*t*-Statistic	Prob.
C	0.469605	0.023586	19.90998	0.0003
X	0.051886	0.011114	4.668647	0.0186
Weighted Statistics				
R-squared	0.879014	Mean dependent var		1.410388
Adjusted *R*-squared	0.838685	S.D. dependent var		0.828008
S.E. of regression	0.019978	Akaike info criterion		−4.699185
Sum squared resid	0.001197	Schwarz criterion		−4.855409
Log likelihood	13.74796	Hannan-Quinn criter.		−5.118477
F-statistic	21.79626	Durbin-Watson stat		2.864182
Prob(*F*-statistic)	0.018554	Weighted mean dep.		0.574710
Unweighted Statistics				
R-squared	0.407525	Mean dependent var		0.610000
Adjusted *R*-squared	0.210033	S.D. dependent var		0.120830
S.E. of regression	0.107394	Sum squared resid		0.034601
Durbin-Watson stat	2.639047			

$Y=0.469605+0.051886X$　　$R^2=0.879014$

河南省总体在 2000～2004 年，游客量保持直线增长趋势且方程的拟合性较好。

2. 2004～2012 年游客量有明显的增长趋势(发展期)

Dependent Variable：Y

Method：Least Squares

Date：03/03/18 Time：17: 32

Sample：2004 2012

Included observations：9

Variable	Coefficient	Std. Error	t-Statistic	Prob.
C	0.603333	0.049287	12.24118	0.0000
X	0.173061	0.022631	7.647144	0.0003
X^2	0.017727	0.002207	8.031805	0.0002

R-squared	0.998795	Mean dependent var	2.030000
Adjusted R-squared	0.998393	S.D. dependent var	0.966294
S.E. of regression	0.038735	Akaike info criterion	−3.402942
Sum squared resid	0.009002	Schwarz criterion	−3.337201
Log likelihood	18.31324	Hannan-Quinn criter.	−3.544812
F-statistic	2486.263	Durbin-Watson stat	1.813739
Prob (F-statistic)	0.000000		

Y=0.603333+0.173061X+0.017727X^2 R^2=0.998795

3. 2012～2016 年(巩固期)

Dependent Variable：Y

Method：Least Squares

Date：03/03/18 Time：17: 34

Sample：2012 2016

Included observations：5

Variable	Coefficient	Std. Error	t-Statistic	Prob.
C	2.710000	0.153638	17.63889	0.0032
X	0.951714	0.117082	8.128598	0.0148
X^2	−0.064286	0.019145	−3.357835	0.0784

R-squared	0.996863	Mean dependent var	4.858000
Adjusted R-squared	0.993726	S.D. dependent var	0.904389
S.E. of regression	0.071634	Akaike info criterion	−2.150785

Sum squared resid	0.010263	Schwarz criterion	−2.385122
Log likelihood	8.376962	Hannan-Quinn criter.	−2.779723
F-statistic	317.7884	Durbin-Watson stat	2.602164
Prob (*F*-statistic)	0.003137		

Y=2.710000+0.951714X−0.064286X^2 R^2=0.996863

2012～2016 年游客量增长的加速度由正变负，因此有出现阶段性顶部的可能，即游客量增长出现停滞阶段。

依据上述最小二乘得出的结果可知，该阶段游客量的表达式为

$$N=-0.064X^2+0.95X+2.71$$

即 A=2.71

B=0.95

C=−0.064

由公式可计算得出达到最大游客量的时间和最大的游客量：

$$T=|-B/2C|\approx 7$$

此时 $N_m=N_0+B^2/4C\approx 6.24$。可以预测，河南省在 2019 年前后游客量将达到阶段性最大，最大游客量将达到 6.24 亿人左右。

$N=N_m/2=3.12$ 时为旅游地发展的最佳阶段，大致认为 2011 年的游客量较为接近，即此时为河南省旅游环境税征收的最佳阶段。

湖　　北

1. 2000～2002 年湖北省游客量呈现近似上升的直线(参与期)

Dependent Variable：Y

Method：Least Squares

Date：03/04/18　Time：08: 57

Sample：2000　2002

Included observations：3

Variable	Coefficient	Std. Error	*t*-Statistic	Prob.
C	0.483333	0.006236	77.50576	0.0082
X	0.065000	0.002887	22.51666	0.0283

R-squared	0.998031	Mean dependent var	0.613333
Adjusted *R*-squared	0.996063	S.D. dependent var	0.065064
S.E. of regression	0.004082	Akaike info criterion	−7.929502

Sum squared resid	1.67E-05	Schwarz criterion	−8.530427
Log likelihood	13.89425	Hannan-Quinn criter.	−9.137438
F-statistic	507.0000	Durbin-Watson stat	3.000000
Prob (*F*-statistic)	0.028255		

Y=0.483333+0.065000X　　R^2=0.998031

湖北省总体在 2000～2002 年，游客量保持直线增长趋势且方程的拟合性较好。

2. 2003～2010 年游客量有明显的增长趋势(发展期)

Dependent Variable：Y

Method：Least Squares

Date：03/04/18　　Time：09: 01

Sample：2003　2011

Included observations：9

Weighting series：1/ABS (RESID)

Weight type：Inverse standard deviation (EViews default scaling)

Variable	Coefficient	Std. Error	*t*-Statistic	Prob.
C	0.789718	0.121372	6.506579	0.0006
X	−0.124566	0.060971	−2.043024	0.0871
X^2	0.033597	0.006819	4.926886	0.0026

Weighted Statistics

R-squared	0.966611	Mean dependent var	1.906109
Adjusted *R*-squared	0.955481	S.D. dependent var	0.812980
S.E. of regression	0.087793	Akaike info criterion	−1.766464
Sum squared resid	0.046246	Schwarz criterion	−1.700722
Log likelihood	10.94909	Hannan-Quinn criter.	−1.908334
F-statistic	86.85017	Durbin-Watson stat	1.472817
Prob (*F*-statistic)	0.000037	Weighted mean dep.	0.990643

Unweighted Statistics

R-squared	0.956700	Mean dependent var	1.242222
Adjusted *R*-squared	0.942267	S.D. dependent var	0.691841
S.E. of regression	0.166234	Sum squared resid	0.165803
Durbin-Watson stat	1.584545		

Y=0.789718−0.124566X+0.033597X^2　　R^2=0.966611

3. 2011～2015年(巩固期)

Dependent Variable：Y

Method：Least Squares

Date：03/04/18　Time：09: 07

Sample：2010　2015

Included observations：6

Variable	Coefficient	Std. Error	t-Statistic	Prob.
C	0.852000	0.075553	11.27692	0.0015
X	1.034071	0.049429	20.92053	0.0002
X^2	−0.053929	0.006912	−7.801769	0.0044

R-squared	0.999301	Mean dependent var	3.653333
Adjusted R-squared	0.998835	S.D. dependent var	1.237573
S.E. of regression	0.042235	Akaike info criterion	−3.184274
Sum squared resid	0.005351	Schwarz criterion	−3.288394
Log likelihood	12.55282	Hannan-Quinn criter.	−3.601076
F-statistic	2145.011	Durbin-Watson stat	2.957097
Prob (F-statistic)	0.000018		

Y=0.852000+1.034071X−0.053929X^2　R^2=0.999301

2010～2015年游客量增长的加速度由正变负，因此有出现阶段性顶部的可能，即游客量增长出现停滞阶段。

依据上述最小二乘得出的结果可知，该阶段游客量的表达式为

$$N=-0.0539X^2+1.034X+0.852$$

即 A=0.852

B=1.034

C=−0.0539

由公式可计算得出达到最大游客量的时间和最大的游客量：

$$T=|-B/2C|\approx 10$$

此时 $N_m=N_0+B^2/4C\approx 5.81$。可以预测，湖北省在2020年前后游客量将达到阶段性最大，最大游客量将达到5.81亿人左右。

$N=N_m/2=2.905$ 时为旅游地发展的最佳阶段，大致认为2011年的游客量较为接近，即此时为湖北省旅游环境税征收的最佳阶段。

湖　　南

1. 2000～2004 年湖南省游客量呈现近似上升的直线（参与期）

Dependent Variable：Y

Method：Least Squares

Date：03/04/18　　Time：09: 22

Sample：2000　2004

Included observations：6

Variable	Coefficient	Std. Error	t-Statistic	Prob.
C	0.418000	0.010788	38.74675	0.0000
X	0.049143	0.002770	17.74045	0.0001

R-squared	0.987450	Mean dependent var	0.590000
Adjusted R-squared	0.984312	S.D. dependent var	0.092520
S.E. of regression	0.011588	Akaike info criterion	-5.816462
Sum squared resid	0.000537	Schwarz criterion	-5.885876
Log likelihood	19.44939	Hannan-Quinn criter.	-6.094330
F-statistic	314.7234	Durbin-Watson stat	2.985562
Prob（F-statistic）	0.000059		

Y=0.418000+0.049143X　　R^2=0.987450

湖南省总体在 2000～2004 年，游客量保持直线增长趋势且方程的拟合性较好。

2. 2004～2012 年游客量有明显的增长趋势（发展期）

Dependent Variable：Y

Method：Least Squares

Date：03/04/18　　Time：09: 29

Sample：2004　2012

Included observations：9

Weighting series：1/ABS（RESID）

Weight type：Inverse standard deviation（EViews default scaling）

Variable	Coefficient	Std. Error	t-Statistic	Prob.
C	0.671985	0.023123	29.06088	0.0000
X	-0.041963	0.011259	-3.727176	0.0098

X^2	0.033650	0.001013	33.22590	0.0000

Weighted Statistics			
R-squared	0.999866	Mean dependent var	547.7108
Adjusted *R*-squared	0.999822	S.D. dependent var	1635.743
S.E. of regression	0.012117	Akaike info criterion	−5.727180
Sum squared resid	0.000881	Schwarz criterion	−5.661438
Log likelihood	28.77231	Hannan-Quinn criter.	−5.869050
F-statistic	22462.57	Durbin-Watson stat	1.684147
Prob (*F*-statistic)	0.000000	Weighted mean dep.	2.898082

Unweighted Statistics			
R-squared	0.998088	Mean dependent var	1.537778
Adjusted *R*-squared	0.997450	S.D. dependent var	0.829590
S.E. of regression	0.041889	Sum squared resid	0.010528
Durbin-Watson stat	1.474127		

Y=0.671985−0.041963X+0.033650X^2　　R^2=0.999866

3. 2012～2016年(巩固期)

Dependent Variable：*Y*

Method：Least Squares

Date：03/04/18　　Time：09: 35

Sample：2012　2016

Included observations：5

Variable	Coefficient	Std. Error	*t*-Statistic	Prob.
C	2.232000	0.005127	435.3457	0.0000
X	0.835571	0.003907	213.8606	0.0000
X^2	−0.046429	0.000639	−72.67221	0.0002

R-squared	0.999996	Mean dependent var	4.228000
Adjusted *R*-squared	0.999993	S.D. dependent var	0.884969
S.E. of regression	0.002390	Akaike info criterion	−8.950955
Sum squared resid	1.14E-05	Schwarz criterion	−9.185292
Log likelihood	25.37739	Hannan-Quinn criter.	−9.579893
F-statistic	274108.5	Durbin-Watson stat	2.721429
Prob (*F*-statistic)	0.000004		

Y=2.232000+0.835571X−0.046429X^2　　R^2=0.999996

2012～2016年游客量增长的加速度由正变负，因此有出现阶段性顶部的可能，即游客量增长出现停滞阶段。

依据上述最小二乘得出的结果可知，该阶段游客量的表达式为

$$N=-0.0464X^2+0.8356X+2.232$$

即 $A=2.232$

$B=0.8356$

$C=-0.0464$

由公式可计算得出达到最大游客量的时间和最大的游客量：

$$T=|-B/2C|\approx 9$$

此时 $N_m=N_0+B^2/4C\approx 5.99$。可以预测，湖南省在2019年前后游客量将达到阶段性最大，最大游客量将达到5.99亿人左右。

$N=N_m/2=2.995$ 时为旅游地发展的最佳阶段，大致认为2012年的游客量较为接近，即此时为湖南省旅游环境税征收最佳阶段。

安　徽

1. 2000～2005年除2003年SARS对于旅游业产生影响，安徽游客量呈现近似上升的直线(参与期)

Dependent Variable：Y

Method：Least Squares

Date：02/27/18　Time：16: 37

Sample：2000　2005

Included observations：6

Variable	Coefficient	Std. Error	t-Statistic	Prob.
C	0.266667	0.030843	8.646033	0.0010
X	0.032857	0.007920	4.148805	0.0143
R-squared	0.911433	Mean dependent var		0.381667
Adjusted R-squared	0.964291	S.D. dependent var		0.068240
S.E. of regression	0.033130	Akaike info criterion		−3.715533
Sum squared resid	0.004390	Schwarz criterion		−3.784947
Log likelihood	13.14660	Hannan-Quinn criter.		−3.993401
F-statistic	17.21258	Durbin-Watson stat		2.680663
Prob(F-statistic)	0.014274			

$Y=0.266667+0.032857X$　　$R^2=0.911433$

2003 年在 SARS 的影响下中断了游客量持续增长的发展趋势，但总体在 2000～2005 年游客量保持直线增长趋势且方程的拟合性较好。

2. 2005～2010 年游客量有明显的增长趋势(发展期)

Dependent Variable：*Y*

Method：Least Squares

Date：02/27/18   Time：21: 24

Sample：2005 2010

Included observations：7

Weighting series：1/ABS (RESID)

Weight type：Standard deviation (average scaling)

Variable	Coefficient	Std. Error	*t*-Statistic	Prob.
C	0.775417	0.248066	3.125844	0.0353
X	−0.284691	0.115658	−2.461494	0.0696
X^2	0.070697	0.012868	5.494206	0.0053

Weighted Statistics

R-squared	0.979888	Mean dependent var	1.193608
Adjusted *R*-squared	0.969832	S.D. dependent var	1.467380
S.E. of regression	0.093583	Akaike info criterion	−1.602398
Sum squared resid	0.035031	Schwarz criterion	−1.625580
Log likelihood	8.608394	Hannan-Quinn criter.	−1.888916
F-statistic	97.44333	Durbin-Watson stat	2.436202
Prob (*F*-statistic)	0.000404	Weighted mean dep.	1.738239

Unweighted Statistics

R-squared	0.931358	Mean dependent var	1.140000
Adjusted *R*-squared	0.897037	S.D. dependent var	0.620860
S.E. of regression	0.199220	Sum squared resid	0.158755
Durbin-Watson stat	0.726742		

Y=0.775417−0.284691X+0.070697X^2 R^2=0.979888

3. 2010～2014 年(巩固期)

Dependent Variable：*Y*

Method：Least Squares

Date：02/27/18   Time：21: 28

Sample：2010 2014

Included observations：5				
Variable	Coefficient	Std. Error	*t*-Statistic	Prob.
C	0.682000	0.065054	10.48363	0.0090
X	0.926000	0.049575	18.67864	0.0029
X^2	−0.060000	0.008106	−7.401527	0.0178
R-squared	0.999435	Mean dependent var		2.800000
Adjusted *R*-squared	0.998870	S.D. dependent var		0.902192
S.E. of regression	0.030332	Akaike info criterion		−3.869551
Sum squared resid	0.001840	Schwarz criterion		−4.103888
Log likelihood	12.67388	Hannan-Quinn criter.		−4.498489
F-statistic	1768.457	Durbin-Watson stat		3.523913
Prob（*F*-statistic）	0.000565			

Y=0.682000+0.926000X−0.060000X^2　　R^2=0.999435

2010～2014 年游客量增长的加速度由正变负，因此有出现阶段性顶部的可能，即游客量增长出现停滞阶段。

依据上述最小二乘得出的结果可知，该阶段游客量的表达式为

$$N=-0.06X^2+0.926X+0.682$$

即 A=0.682

B=0.926

C=−0.06

由公式可计算得出达到最大游客量的时间和最大的游客量：

$$T=|-B/2C|\approx 8$$

此时 $N_m=N_0+B^2/4C\approx 4.25$。可以预测，安徽省在 2018 年前后游客量将达到最大，最大游客量将达到 4.25 亿人左右。

$N=N_m/2=2.125$ 时为旅游地发展的最佳阶段，大致认为 2011 年的游客量较为接近，即此时为安徽省旅游环境税征收最佳阶段。

陕　　西

1. 2000～2004 年陕西省除 2003 年受 SARS 影响游客量有所下降，其他年份游客量呈现近似上升的直线(参与期)

Dependent Variable：*Y*

Method：Least Squares

Date：03/04/18　　Time：09: 48

Sample：2000 2004

Included observations：5

Weighting series：1/ABS(RESID)

Weight type：Inverse standard deviation(EViews default scaling)

Variable	Coefficient	Std. Error	*t*-Statistic	Prob.
C	0.282933	0.006100	46.38602	0.0000
X	0.027822	0.003657	7.608454	0.0047
Weighted Statistics				
R-squared	0.950730	Mean dependent var		1.653638
Adjusted *R*-squared	0.934306	S.D. dependent var		1.686891
S.E. of regression	0.007863	Akaike info criterion		−6.564081
Sum squared resid	0.000185	Schwarz criterion		−6.720306
Log likelihood	18.41020	Hannan-Quinn criter.		−6.983373
F-statistic	57.88857	Durbin-Watson stat		2.447546
Prob(*F*-statistic)	0.004712	Weighted mean dep.		0.324593
Unweighted Statistics				
R-squared	0.440902	Mean dependent var		0.356000
Adjusted *R*-squared	0.254536	S.D. dependent var		0.043932
S.E. of regression	0.037931	Sum squared resid		0.004316
Durbin-Watson stat	2.334306			

Y=0.282933+0.027822X R^2=0.950730

陕西省总体在2000～2004年，游客量保持直线增长趋势且方程的拟合性较好。

2. 2005～2011年游客量有明显的增长趋势(发展期)

Dependent Variable：*Y*

Method：Least Squares

Date：03/04/18 Time：09: 54

Sample：2005 2011

Included observations：7

Weighting series：1/ABS(RESID)

Weight type：Inverse standard deviation(EViews default scaling)

Variable	Coefficient	Std. Error	*t*-Statistic	Prob.
C	0.681835	0.047695	14.29586	0.0001
X	−0.074664	0.024081	−3.100460	0.0362

X^2	0.034108	0.002816	12.11269	0.0003
Weighted Statistics				
R-squared	0.998113	Mean dependent var		2.128930
Adjusted R-squared	0.997170	S.D. dependent var		1.760894
S.E. of regression	0.020413	Akaike info criterion		−4.647714
Sum squared resid	0.001667	Schwarz criterion		−4.670895
Log likelihood	19.26700	Hannan-Quinn criter.		−4.934231
F-statistic	1057.997	Durbin-Watson stat		1.713181
Prob (F-statistic)	0.000004	Weighted mean dep.		1.391442
Unweighted Statistics				
R-squared	0.995769	Mean dependent var		1.071429
Adjusted R-squared	0.993653	S.D. dependent var		0.443976
S.E. of regression	0.035370	Sum squared resid		0.005004
Durbin-Watson stat	1.678125			

Y=0.681835−0.074664X+0.034108X^2　　R^2=0.998113

3. 2011～2016 年(巩固期)

Dependent Variable：Y

Method：Least Squares

Date：03/04/18　　Time：09: 56

Sample：2011　2016

Included observations：6

Variable	Coefficient	Std. Error	t-Statistic	Prob.
C	1.161000	0.045128	25.72660	0.0001
X	0.694893	0.029524	23.53636	0.0002
X^2	−0.027679	0.004129	−6.703741	0.0068
R-squared	0.999569	Mean dependent var		3.173333
Adjusted R-squared	0.999281	S.D. dependent var		0.940801
S.E. of regression	0.025228	Akaike info criterion		−4.214908
Sum squared resid	0.001909	Schwarz criterion		−4.319029
Log likelihood	15.64473	Hannan-Quinn criter.		−4.631710
F-statistic	3475.350	Durbin-Watson stat		2.145503
Prob (F-statistic)	0.000009			

Y=1.161000+0.694893X−0.027679X^2　　R^2=0.999569

2011～2016 年游客量增长的加速度由正变负，因此有出现阶段性顶部的可能，即游客量增长出现停滞阶段。

依据上述最小二乘得出的结果可知，该阶段游客量的表达式为

$$N=-0.0277X^2+0.695X+1.161$$

即 $A=1.161$

$B=0.695$

$C=-0.0277$

由公式可计算得出达到最大游客量的时间和最大的游客量：

$$T=|-B/2C|\approx 13$$

此时 $N_m=N_0+B^2/4C\approx 5.52$。可以预测，陕西省在 2024 年前后游客量将达到阶段性最大，最大游客量将达到 5.52 亿人左右。

$N=N_m/2=2.76$ 时为旅游地发展的最佳阶段，大致认为 2013 年的游客量较为接近，即此时为陕西省旅游环境税征收的最佳阶段。

江　　西

1. 2000～2005 年江西省游客量呈现近似上升的直线(参与期)

Dependent Variable：*Y*

Method：Least Squares

Date：03/04/18　　Time：10: 08

Sample：2000　2005

Included observations：6

Variable	Coefficient	Std. Error	*t*-Statistic	Prob.
C	0.188000	0.026774	7.021688	0.0022
X	0.047714	0.006875	6.940283	0.0023
R-squared	0.923324	Mean dependent var		0.355000
Adjusted *R*-squared	0.904155	S.D. dependent var		0.092898
S.E. of regression	0.028760	Akaike info criterion		−3.998455
Sum squared resid	0.003309	Schwarz criterion		−4.067868
Log likelihood	13.99536	Hannan-Quinn criter.		−4.276322
F-statistic	48.16753	Durbin-Watson stat		1.442265
Prob (*F*-statistic)	0.002264			

$Y=0.188000+0.047714X$　　$R^2=0.923324$

江西省总体在 2000～2005 年，游客量保持直线增长趋势且方程的拟合性较好。

2. 2005～2012 年游客量有明显的增长趋势(发展期)

Dependent Variable：Y

Method：Least Squares

Date：03/04/18　Time：10: 13

Sample：2005　2012

Included observations：8

Variable	Coefficient	Std. Error	t-Statistic	Prob.
C	0.674107	0.124161	5.429300	0.0029
X	−0.128869	0.063302	−2.035766	0.0974
X^2	0.036845	0.006866	5.366241	0.0030

R-squared	0.980140	Mean dependent var	1.033750
Adjusted R-squared	0.972196	S.D. dependent var	0.533718
S.E. of regression	0.088995	Akaike info criterion	−1.720476
Sum squared resid	0.039601	Schwarz criterion	−1.690685
Log likelihood	9.881902	Hannan-Quinn criter.	−1.921401
F-statistic	123.3812	Durbin-Watson stat	1.706877
Prob (F-statistic)	0.000056		

Y=0.674107−0.128869X+0.036845X^2　R^2=0.980140

3. 2012～2016 年(巩固期)

Dependent Variable：Y

Method：Least Squares

Date：03/04/18　Time：10: 15

Sample：2012　2016

Included observations：5

Variable	Coefficient	Std. Error	t-Statistic	Prob.
C	1.062000	0.077075	13.77877	0.0052
X	1.072714	0.058736	18.26321	0.0030
X^2	−0.069286	0.009604	−7.213940	0.0187

R-squared	0.999411	Mean dependent var	3.518000
Adjusted R-squared	0.998822	S.D. dependent var	1.047172
S.E. of regression	0.035936	Akaike info criterion	−3.530420

Sum squared resid	0.002583	Schwarz criterion	−3.764757
Log likelihood	11.82605	Hannan-Quinn criter.	−4.159358
F-statistic	1697.228	Durbin-Watson stat	3.116340
Prob (*F*-statistic)	0.000589		

Y=1.062000+1.072714X−0.069286X^2　R^2=0.999411

2012～2016 年游客量增长的加速度由正变负，因此有出现阶段性顶部的可能，即游客量增长出现停滞阶段。

依据上述最小二乘得出的结果可知，该阶段游客量的表达式为

$$N=-0.069X^2+1.0727X+1.062$$

即 A=1.062

B=1.0727

C=−0.069

由公式可计算得出达到最大游客量的时间和最大的游客量：

$$T=|-B/2C|\approx 8$$

此时 $N_m=N_0+B^2/4C\approx 5.23$。可以预测，江西省在 2020 年前后游客量将达到阶段性最大，最大游客量将达到 5.23 亿人左右。

$N=N_m/2=2.615$ 时为旅游地发展的最佳阶段，大致认为 2013 年的游客量较为接近，即此时为江西省旅游环境税征收的最佳阶段。

河　　北

1. 2000～2007 年河北省游客量呈现近似上升的直线(参与期)

Dependent Variable：*Y*

Method：Least Squares

Date：03/04/18　Time：10: 24

Sample：2000　2007

Included observations：9

Variable	Coefficient	Std. Error	*t*-Statistic	Prob.
C	0.120000	0.052703	2.276905	0.0569
X	0.106000	0.009366	11.31803	0.0000
R-squared	0.948186	Mean dependent var		0.650000
Adjusted *R*-squared	0.940784	S.D. dependent var		0.298119
S.E. of regression	0.072546	Akaike info criterion		−2.216074

Sum squared resid	0.036840	Schwarz criterion	−2.172246
Log likelihood	11.97233	Hannan-Quinn criter.	−2.310654
F-statistic	128.0977	Durbin-Watson stat	1.532790
Prob (*F*-statistic)	0.000009		

Y=0.120000+0.106000X R^2=0.948186

河北省总体在 2000～2007 年，游客量保持直线增长趋势且方程的拟合性较好。

2. 2007～2012 年游客量有明显的增长趋势(发展期)

Dependent Variable：*Y*

Method：Least Squares

Date：03/04/18   Time：10: 26

Sample：2007 2012

Included observations：6

Variable	Coefficient	Std. Error	*t*-Statistic	Prob.
C	1.039000	0.076460	13.58885	0.0009
X	−0.109893	0.050022	−2.196888	0.1155
X^2	0.054107	0.006995	7.734728	0.0045
R-squared	0.996028	Mean dependent var	1.475000	
Adjusted *R*-squared	0.993380	S.D. dependent var	0.525309	
S.E. of regression	0.042742	Akaike info criterion	−3.160402	
Sum squared resid	0.005481	Schwarz criterion	−3.264523	
Log likelihood	12.48121	Hannan-Quinn criter.	−3.577204	
F-statistic	376.1196	Durbin-Watson stat	3.112705	
Prob (*F*-statistic)	0.000250			

Y=1.039000−0.109893X+0.054107X^2 R^2=0.996028

3. 2012～2016 年(巩固期)

Dependent Variable：*Y*

Method：Least Squares

Date：03/04/18   Time：10: 30

Sample：2012 2016

Included observations：5

Variable	Coefficient	Std. Error	t-Statistic	Prob.
C	1.514000	0.083932	18.03842	0.0031
X	0.831714	0.063962	13.00331	0.0059
X^2	−0.044286	0.010459	−4.234277	0.0515
R-squared	0.999053	Mean dependent var		3.522000
Adjusted R-squared	0.998106	S.D. dependent var		0.899177
S.E. of regression	0.039133	Akaike info criterion		−3.359968
Sum squared resid	0.003063	Schwarz criterion		−3.594305
Log likelihood	11.39992	Hannan-Quinn criter.		−3.988906
F-statistic	1054.903	Durbin-Watson stat		3.558742
Prob(F-statistic)	0.000947			

Y=1.514000+0.831714X−0.044286X^2　　R^2=0.999053

2012～2016年游客量增长的加速度由正变负，因此有出现阶段性顶部的可能，即游客量增长出现停滞阶段。

依据上述最小二乘得出的结果可知，该阶段游客量的表达式为

$$N=-0.044X^2+0.8317X+1.514$$

即 A=1.514

B=0.8317

C=−0.044

由公式可计算得出达到最大游客量的时间和最大的游客量：

$$T=|-B/2C|\approx 9$$

此时 $N_m=N_0+B^2/4C\approx 5.44$。可以预测，河北省在2021年前后游客量将达到阶段性最大，最大游客量将达到5.44亿人左右。

$N=N_m/2=2.72$ 时为旅游地发展的最佳阶段，大致认为2013年的游客量较为接近，即此时为河北省旅游环境税征收的最佳阶段。

山　西

1. 2000～2003年山西省游客量呈现近似上升的直线(参与期)

Dependent Variable：Y

Method：Least Squares

Date：03/04/18　　Time：10: 52

Sample：2000　2003

Included observations：4

Variable	Coefficient	Std. Error	*t*-Statistic	Prob.
C	0.270000	0.007246	37.26354	0.0007
X	0.021000	0.002646	7.937254	0.0155
R-squared	0.969231	Mean dependent var		0.322500
Adjusted *R*-squared	0.953846	S.D. dependent var		0.027538
S.E. of regression	0.005916	Akaike info criterion		−7.115433
Sum squared resid	7.00E-05	Schwarz criterion		−7.422285
Log likelihood	16.23087	Hannan-Quinn criter.		−7.788798
F-statistic	63.00000	Durbin-Watson stat		2.900000
Prob（*F*-statistic）	0.015505			

Y=0.270000+0.021000X　　R^2=0.969231

山西省总体在 2000～2003 年，游客量保持直线增长趋势且方程的拟合性较好。

2. 2004～2012 年游客量有明显的增长趋势（发展期）

Dependent Variable：*Y*

Method：Least Squares

Date：03/04/18　　Time：11: 02

Sample：2004　2012

Included observations：10

Weighting series：1/ABS（RESID）

Weight type：Inverse standard deviation（EViews default scaling）

Variable	Coefficient	Std. Error	*t*-Statistic	Prob.
C	0.768650	0.069505	11.05890	0.0000
X	−0.108025	0.039041	−2.766965	0.0278
X^2	0.026740	0.004413	6.059661	0.0005
Weighted Statistics				
R-squared	0.982065	Mean dependent var		5.273119
Adjusted *R*-squared	0.976941	S.D. dependent var		9.325347
S.E. of regression	0.060170	Akaike info criterion		−2.539964
Sum squared resid	0.025343	Schwarz criterion		−2.449189
Log likelihood	15.69982	Hannan-Quinn criter.		−2.639545

F-statistic	191.6517	Durbin-Watson stat	1.149560
Prob (F-statistic)	0.000001	Weighted mean dep.	0.886255
Unweighted Statistics			
R-squared	0.956149	Mean dependent var	1.233000
Adjusted R-squared	0.943621	S.D. dependent var	0.669179
S.E. of regression	0.158892	Sum squared resid	0.176727
Durbin-Watson stat	1.140351		

$Y=0.768650-0.108025X+0.026740X^2$　$R^2=0.982065$

3. 2012～2016 年(巩固期)

Dependent Variable：Y

Method：Least Squares

Date：03/04/18　Time：11: 07

Sample：2012　2016

Included observations：5

Variable	Coefficient	Std. Error	t-Statistic	Prob.
C	1.050000	0.036071	29.10897	0.0012
X	0.929857	0.027489	33.82680	0.0009
X^2	−0.052143	0.004495	−11.60046	0.0073

R-squared	0.999853	Mean dependent var	3.266000
Adjusted R-squared	0.999706	S.D. dependent var	0.980500
S.E. of regression	0.016818	Akaike info criterion	−5.048982
Sum squared resid	0.000566	Schwarz criterion	−5.283320
Log likelihood	15.62246	Hannan-Quinn criter.	−5.677920
F-statistic	6796.636	Durbin-Watson stat	2.953247
Prob (F-statistic)	0.000147		

$Y=1.050000+0.929857X-0.052143X^2$　$R^2=0.999853$

2012～2016 年游客量增长的加速度由正变负，因此有出现阶段性顶部的可能，即游客量增长出现停滞阶段。

依据上述最小二乘得出的结果可知，该阶段游客量的表达式为

$$N=-0.052X^2+0.929X+1.05$$

即 $A=1.05$

$B=0.929$

$C=-0.052$

由公式可计算得出达到最大游客量的时间和最大的游客量：

$$T=|-B/2C|\approx 9$$

此时 $N_m=N_0+B^2/4C\approx 5.2$。可以预测，山西省在 2021 年前后游客量将达到阶段性最大，最大游客量将达到 5.2 亿人左右。

$N=N_m/2=2.6$ 时为旅游地发展的最佳阶段，大致认为 2013 年的游客量较为接近，即此时为山西省旅游环境税征收的最佳阶段。

贵　州

1. 2000～2005 年除 2003 年 SARS 对于旅游业产生影响，贵州省游客量呈现近似上升的直线(参与期)

Dependent Variable：*Y*

Method：Least Squares

Date：02/27/18　Time：20: 58

Sample：2000　2005

Included observations：6

Weighting series：1/ABS (RESID)

Weight type：Inverse standard deviation (EViews default scaling)

Variable	Coefficient	Std. Error	*t*-Statistic	Prob.
C	0.176052	0.006397	27.52173	0.0000
X	0.014669	0.002108	6.960368	0.0022
Weighted Statistics				
R-squared	0.923732	Mean dependent var		0.979473
Adjusted *R*-squared	0.904665	S.D. dependent var		1.062246
S.E. of regression	0.002766	Akaike info criterion		−8.681411
Sum squared resid	3.06E-05	Schwarz criterion		−8.750825
Log likelihood	28.04423	Hannan-Quinn criter.		−8.959279
F-statistic	48.44672	Durbin-Watson stat		1.155126
Prob (*F*-statistic)	0.002239	Weighted mean dep.		0.220393
Unweighted Statistics				
R-squared	0.512065	Mean dependent var		0.228333
Adjusted *R*-squared	0.390081	S.D. dependent var		0.046224
S.E. of regression	0.036100	Sum squared resid		0.005213
Durbin-Watson stat	1.563219			

$Y=0.176052+0.014669X$　　$R^2=0.923732$

2003 年 SARS 的影响中断了游客量持续增长的发展趋势，但总体在 2000～2005 年游客量保持直线增长趋势且方程的拟合性较好。

2. 2005～2011 年游客量有明显的增长趋势(发展期)

Dependent Variable：*Y*

Method：Least Squares

Date：02/27/18　　Time：21:05

Sample：2005　2011

Included observations：7

Weighting series：1/ABS(RESID)

Weight type：Inverse standard deviation(EViews default scaling)

Variable	Coefficient	Std. Error	*t*-Statistic	Prob.
C	0.248082	0.040252	6.163171	0.0035
X	0.065083	0.021398	3.041517	0.0383
X^2	0.019399	0.002916	6.653505	0.0026
Weighted Statistics				
R-squared	0.996558	Mean dependent var		1.401954
Adjusted *R*-squared	0.994837	S.D. dependent var		1.423886
S.E. of regression	0.021864	Akaike info criterion		−4.510378
Sum squared resid	0.001912	Schwarz criterion		−4.533560
Log likelihood	18.78632	Hannan-Quinn criter.		−4.796896
F-statistic	579.0258	urbin-Watson stat		1.681472
Prob(*F*-statistic)	0.000012	Weighted mean dep.		0.805261
Unweighted Statistics				
R-squared	0.995883	Mean dependent var		0.895714
Adjusted *R*-squared	0.993825	S.D. dependent var		0.486239
S.E. of regression	0.038210	Sum squared resid		0.005840
Durbin-Watson stat	1.993851			

Y=0.248082+0.065083X+0.019399X^2　　R^2=0.996558

3. 2011～2015 年(巩固期)

Dependent Variable：*Y*

Method：Least Squares

Date：02/27/18　　Time：21:08

Sample：2011　2015

Included observations：5

Weighting series：1/ABS（RESID）

Weight type：Inverse standard deviation（EViews default scaling）

Variable	Coefficient	Std. Error	t-Statistic	Prob.
C	1.076940	0.065634	16.40815	0.0037
X	0.642514	0.047404	13.55404	0.0054
X^2	−0.027515	0.007514	−3.661833	0.0672
Weighted Statistics				
R-squared	0.999273	Mean dependent var		14.41608
Adjusted R-squared	0.998546	S.D. dependent var		13.72687
S.E. of regression	0.029228	Akaike info criterion		−3.943644
Sum squared resid	0.001709	Schwarz criterion		−4.177981
Log likelihood	12.85911	Hannan-Quinn criter.		−4.572582
F-statistic	1374.128	Durbin-Watson stat		2.636499
Prob（F-statistic）	0.000727	Weighted mean dep.		3.148993
Unweighted Statistics				
R-squared	0.994649	Mean dependent var		2.684000
Adjusted R-squared	0.989298	S.D. dependent var		0.772548
S.E. of regression	0.079920	Sum squared resid		0.012775
Durbin-Watson stat	2.360536			

Y=1.076940+0.642514X−0.027515X^2 R^2=0.999273

2011～2015年游客量增长的加速度由正变负，因此有出现阶段性顶部的可能，即游客量增长出现停滞阶段。

依据上述最小二乘得出的结果可知，该阶段游客量的表达式为

$$N=-0.0275X^2+0.6425X+1.0769$$

即 A=1.0769

B=0.6425

C=−0.0275

由公式可计算得出达到最大游客量的时间和最大的游客量：

$$T=|-B/2C|\approx 12$$

此时 $N_m=N_0+B^2/4C\approx 4.83$。可以预测，贵州省在 2023 年前后游客量将达到最大，最大游客量将达到 4.83 亿人左右。

$N=N_m/2=2.415$ 时为旅游地发展的最佳阶段，与 2012 年的游客量较为接近，因此可以认为 2012 年为贵州省旅游环境税征收的最佳阶段。

广　西

1. 2000～2002 年广西游客量呈现近似上升的直线(参与期)

Dependent Variable：*Y*

Method：Least Squares

Date：03/04/18　Time：11: 15

Sample：2000　2002

Included observations：7

Variable	Coefficient	Std. Error	*t*-Statistic	Prob.
C	0.302857	0.027218	11.12711	0.0001
X	0.059286	0.006086	9.741140	0.0002
R-squared	0.949945	Mean dependent var		0.540000
Adjusted *R*-squared	0.939934	S.D. dependent var		0.131403
S.E. of regression	0.032205	Akaike info criterion		−3.798452
Sum squared resid	0.005186	Schwarz criterion		−3.813906
Log likelihood	15.29458	Hannan-Quinn criter.		−3.989464
F-statistic	94.88981	Durbin-Watson stat		1.537780
Prob (*F*-statistic)	0.000194			

Y=0.302857+0.059286X　R^2=0.949945

广西总体在 2000～2002 年，游客量保持直线增长趋势且方程的拟合性较好。

2. 2002～2011 年游客量有明显的增长趋势(发展期)

Dependent Variable：*Y*

Method：Least Squares

Date：03/04/18　Time：11: 18

Sample：2002　2011

Included observations：11

Variable	Coefficient	Std. Error	*t*-Statistic	Prob.
C	0.624970	0.077417	8.072753	0.0000
X	−0.089958	0.029651	−3.033856	0.0162
X^2	0.021072	0.002407	8.755925	0.0000

R-squared	0.988097	Mean dependent var	1.054545
Adjusted R-squared	0.985122	S.D. dependent var	0.577934
S.E. of regression	0.070494	Akaike info criterion	−2.239575
Sum squared resid	0.039755	Schwarz criterion	−2.131058
Log likelihood	15.31766	Hannan-Quinn criter.	−2.307980
F-statistic	332.0628	Durbin-Watson stat	1.315146
Prob (F-statistic)	0.000000		

Y=0.624970−0.089958X+0.021072X^2　R^2=0.988097

3. 2011～2015 年(巩固期)

Dependent Variable：Y

Method：Least Squares

Date：03/04/18　Time：11:21

Sample：2011　2015

Included observations：5

Variable	Coefficient	Std. Error	t-Statistic	Prob.
C	3.136000	0.111032	10.23133	0.0094
X	0.678000	0.084613	8.012915	0.0152
X^2	−0.050000	0.013836	−3.613821	0.0688

R-squared	0.996352	Mean dependent var	2.620000
Adjusted R-squared	0.992704	S.D. dependent var	0.606053
S.E. of regression	0.051769	Akaike info criterion	−2.800352
Sum squared resid	0.005360	Schwarz criterion	−3.034689
Log likelihood	10.00088	Hannan-Quinn criter.	−3.429290
F-statistic	273.1045	Durbin-Watson stat	2.917164
Prob (F-statistic)	0.003648		

Y=3.136000+0.678000X−0.050000X^2　R^2=0.996352

2011～2015年游客量增长的加速度由正变负，因此有出现阶段性顶部的可能，即游客量增长出现停滞阶段。

依据上述最小二乘得出的结果可知，该阶段游客量的表达式为

$$N=-0.05X^2+0.678X+3.136$$

即 A=3.136

B=0.678

C=−0.05

由公式可计算得出达到最大游客量的时间和最大的游客量：

$$T=|-B/2C|\approx 7$$

此时 $N_m=N_0+B^2/4C\approx 5.43$。可以预测，广西在2020年前后游客量将达到阶段性最大，最大游客量将达到5.43亿人左右。

$N=N_m/2=2.715$ 时为旅游地发展的最佳阶段，大致认为2014年的游客量较为接近，即此时为广西旅游环境税征收的最佳阶段。

辽　　宁

1. 2000～2003年辽宁省游客量呈现近似上升的直线(参与期)

Dependent Variable：Y

Method：Least Squares

Date：03/04/18　　Time：11:31

Sample：2000　2003

Included observations：5

Variable	Coefficient	Std. Error	t-Statistic	Prob.
C	0.338000	0.044662	7.568007	0.0048
X	0.088000	0.013466	6.534974	0.0073

R-squared	0.934363	Mean dependent var	0.602000
Adjusted R-squared	0.912484	S.D. dependent var	0.143944
S.E. of regression	0.042583	Akaike info criterion	-3.185537
Sum squared resid	0.005440	Schwarz criterion	-3.341762
Log likelihood	9.963843	Hannan-Quinn criter.	-3.604829
F-statistic	42.70588	Durbin-Watson stat	3.179412
Prob(F-statistic)	0.007283		

$Y=0.338000+0.088000X$　　$R^2=0.934363$

辽宁省总体在2000～2003年，游客量保持直线增长趋势且方程的拟合性较好。

2. 2003～2010年游客量有明显的增长趋势(发展期)

Dependent Variable：Y

Method：Least Squares

Date：03/04/18　　Time：11:35

Sample：2003　2010

Included observations：8

Variable	Coefficient	Std. Error	t-Statistic	Prob.
C	0.503393	0.028499	17.66377	0.0000
X	0.099583	0.014530	6.853738	0.0010
X^2	0.025774	0.001576	16.35418	0.0000
R-squared	0.999559	Mean dependent var		1.608750
Adjusted R-squared	0.999383	S.D. dependent var		0.822061
S.E. of regression	0.020427	Akaike info criterion		−4.663923
Sum squared resid	0.002086	Schwarz criterion		−4.634132
Log likelihood	21.65569	Hannan-Quinn criter.		−4.864849
F-statistic	5665.987	Durbin-Watson stat		2.369425
Prob (F-statistic)	0.000000			

Y=0.503393+0.099583X+0.025774X^2　　R^2=0.999559

3. 2010～2016 年(巩固期)

Dependent Variable：Y

Method：Least Squares

Date：03/04/18　　Time：11: 39

Sample：2010　2016

Included observations：8

Variable	Coefficient	Std. Error	t-Statistic	Prob.
C	2.017857	0.111154	18.15373	0.0000
X	0.502262	0.056671	8.862780	0.0003
X^2	−0.028452	0.006147	−4.628794	0.0057
R-squared	0.988303	Mean dependent var		3.552500
Adjusted R-squared	0.983624	S.D. dependent var		0.622593
S.E. of regression	0.079672	Akaike info criterion		−1.941802
Sum squared resid	0.031738	Schwarz criterion		−1.912011
Log likelihood	10.76721	Hannan-Quinn criter.		−2.142728
F-statistic	211.2297	Durbin-Watson stat		1.973993
Prob (F-statistic)	0.000015			

Y=2.017857+0.502262X−0.028452X^2　　R^2=0.988303

2010～2016 年游客量增长的加速度由正变负，因此有出现阶段性顶部的可能，即游客量增长出现停滞阶段。

依据上述最小二乘得出的结果可知，该阶段游客量的表达式为

$$N=-0.028X^2+0.502X+2.018$$

即 $A=2.018$

$B=0.502$

$C=-0.028$

由公式可计算得出达到最大游客量的时间和最大的游客量：

$$T=|-B/2C|\approx 9$$

此时 $N_m=N_0+B^2/4C\approx 4.27$。可以预测，辽宁省在2018年前后游客量将达到阶段性最大，最大游客量将达到4.27亿人左右。

$N=N_m/2=2.135$ 时为旅游地发展的最佳阶段，大致认为2008年的游客量较为接近，即此时为辽宁省旅游环境税征收的最佳阶段。

云　　南

1. 2000～2003年云南省游客量呈现近似上升的直线(参与期)

Dependent Variable：*Y*

Method：Least Squares

Date：03/04/18　Time：15: 37

Sample：2000　2003

Included observations：9

Variable	Coefficient	Std. Error	*t*-Statistic	Prob.
C	0.240556	0.036181	6.648692	0.0003
X	0.085667	0.006430	13.32398	0.0000
R-squared	0.962065	Mean dependent var		0.668889
Adjusted *R*-squared	0.956646	S.D. dependent var		0.239188
S.E. of regression	0.049803	Akaike info criterion		−2.968362
Sum squared resid	0.017362	Schwarz criterion		−2.924534
Log likelihood	15.35763	Hannan-Quinn criter.		−3.062942
F-statistic	177.5284	Durbin-Watson stat		0.836503
Prob (*F*-statistic)	0.000003			

$Y=0.240556+0.085667X$　　$R^2=0.962065$

云南省总体在2000～2003年，游客量保持直线增长趋势且方程的拟合性较好。

2. 2003～2012 年游客量有明显的增长趋势(发展期)

Dependent Variable：*Y*
Method：Least Squares
Date：03/04/18 Time：15: 42
Sample：2003 2012
Included observations：11

Variable	Coefficient	Std. Error	*t*-Statistic	Prob.
C	0.688727	0.074115	9.292734	0.0000
X	−0.133657	0.028386	−4.708487	0.0015
X^2	0.029615	0.002304	12.85410	0.0000
R-squared	0.994120	Mean dependent var		1.249091
Adjusted *R*-squared	0.992650	S.D. dependent var		0.787203
S.E. of regression	0.067487	Akaike info criterion		−2.326767
Sum squared resid	0.036436	Schwarz criterion		−2.218250
Log likelihood	15.79722	Hannan-Quinn criter.		−2.395172
F-statistic	676.3079	Durbin-Watson stat		1.046801
Prob(*F*-statistic)	0.000000			

Y=0.688727−0.133657X+0.029615X^2 R^2=0.994120

3. 2012～2016 年(巩固期)

Dependent Variable：*Y*
Method：Least Squares
Date：03/04/18 Time：15: 49
Sample：2012 2016
Included observations：5

Variable	Coefficient	Std. Error	*t*-Statistic	Prob.
C	2.140000	0.159431	13.42272	0.0055
X	0.811571	0.121497	6.679758	0.0217
X^2	−0.076429	0.019867	−3.847030	0.0614
R-squared	0.991746	Mean dependent var		3.734000
Adjusted *R*-squared	0.983492	S.D. dependent var		0.578559
S.E. of regression	0.074335	Akaike info criterion		−2.076756
Sum squared resid	0.011051	Schwarz criterion		−2.311094
Log likelihood	8.191891	Hannan-Quinn criter.		−2.705694
F-statistic	120.1536	Durbin-Watson stat		2.832183
Prob(*F*-statistic)	0.008254			

Y=2.140000+0.811571X−0.076429X^2 R^2=0.991746

2012～2016 年游客量增长的加速度由正变负，因此有出现阶段性顶部的可能，即游客量增长出现停滞阶段。

依据上述最小二乘得出的结果可知，该阶段游客量的表达式为

$$N=-0.05X^2+0.812X+2.14$$

即 $A=2.14$

$B=0.812$

$C=-0.05$

由公式可计算得出达到最大游客量的时间和最大的游客量：

$$T=|-B/2C|\approx 8$$

此时 $N_m=N_0+B^2/4C\approx 4.3$。可以预测，云南省在 2017 年前后游客量将达到阶段性最大，最大游客量将达到 4.3 亿人左右。

$N=N_m/2=2.15$ 时为旅游地发展的最佳阶段，大致认为 2011 年的游客量较为接近，即此时为云南省旅游环境税征收的最佳阶段。

福　　建

1. 2000～2007 年福建省游客量呈现近似上升的直线(参与期)

Dependent Variable：*Y*

Method：Least Squares

Date：03/04/18　Time：16: 02

Sample：2000　2007

Included observations：8

Variable	Coefficient	Std. Error	*t*-Statistic	Prob.
C	0.186786	0.045411	4.113268	0.0063
X	0.070714	0.008993	7.863585	0.0002
R-squared	0.911551	Mean dependent var		0.505000
Adjusted *R*-squared	0.896810	S.D. dependent var		0.181423
S.E. of regression	0.058279	Akaike info criterion		−2.634836
Sum squared resid	0.020379	Schwarz criterion		−2.614975
Log likelihood	12.53934	Hannan-Quinn criter.		−2.768786
F-statistic	61.83596	Durbin-Watson stat		0.827375
Prob(*F*-statistic)	0.000224			

$Y=0.186786+0.070714X$　$R^2=0.911551$

福建省总体在 2000～2007 年，游客量保持直线增长趋势且方程的拟合性较好。

2. 2007～2012 年游客量有明显的增长趋势(发展期)

Dependent Variable：*Y*

Method：Least Squares

Date：03/04/18　　Time：16: 21

Sample：2007　2012

Included observations：7

Variable	Coefficient	Std. Error	*t*-Statistic	Prob.
C	0.941429	0.088891	10.59087	0.0004
X	−0.127143	0.050942	−2.495824	0.0671
X^2	0.045000	0.006224	7.230561	0.0019

R-squared	0.992351	Mean dependent var	1.332857
Adjusted *R*-squared	0.988526	S.D. dependent var	0.532501
S.E. of regression	0.057040	Akaike info criterion	−2.592598
Sum squared resid	0.013014	Schwarz criterion	−2.615779
Log likelihood	12.07409	Hannan-Quinn criter.	−2.879115
F-statistic	259.4577	Durbin-Watson stat	1.800141
Prob (*F*-statistic)	0.000059		

$Y=0.941429-0.127143X+0.045000X^2$　　$R^2=0.992351$

3. 2012～2016 年(巩固期)

Dependent Variable：*Y*

Method：Least Squares

Date：03/04/18　　Time：16: 29

Sample：2012　2016

Included observations：5

Variable	Coefficient	Std. Error	*t*-Statistic	Prob.
C	1.098000	0.089023	12.33385	0.0065
X	0.718857	0.067842	10.59610	0.0088
X^2	−0.067143	0.011093	−6.052561	0.0262

R-squared	0.996765	Mean dependent var	2.516000
Adjusted *R*-squared	0.993530	S.D. dependent var	0.516023
S.E. of regression	0.041507	Akaike info criterion	−3.242185

Sum squared resid	0.003446	Schwarz criterion	−3.476522
Log likelihood	11.10546	Hannan-Quinn criter.	−3.871123
F-statistic	308.1144	Durbin-Watson stat	2.657996
Prob (*F*-statistic)	0.003235		

Y=1.098000+0.718857X−0.067143X^2　R^2=0.996765

2012～2016年游客量增长的加速度由正变负，因此有出现阶段性顶部的可能，即游客量增长出现停滞阶段.

依据上述最小二乘得出的结果可知，该阶段游客量的表达式为

$$N=-0.067X^2+0.719X+1.098$$

即 A=1.098

B=0.719

C=−0.067

由公式可计算得出达到最大游客量的时间和最大的游客量：

$$T=|-B/2C|\approx 5$$

此时 $N_m=N_0+B^2/4C\approx 3.03$。可以预测，福建省在2017年前后游客量将达到阶段性最大，最大游客量将达到3.03亿人左右。

$N=N_m/2=1.515$ 时为旅游地发展的最佳阶段，大致认为2011年的游客量较为接近，即此时为福建省旅游环境税征收的最佳阶段。